JN232625

学級担任のための 遊びの便利帳

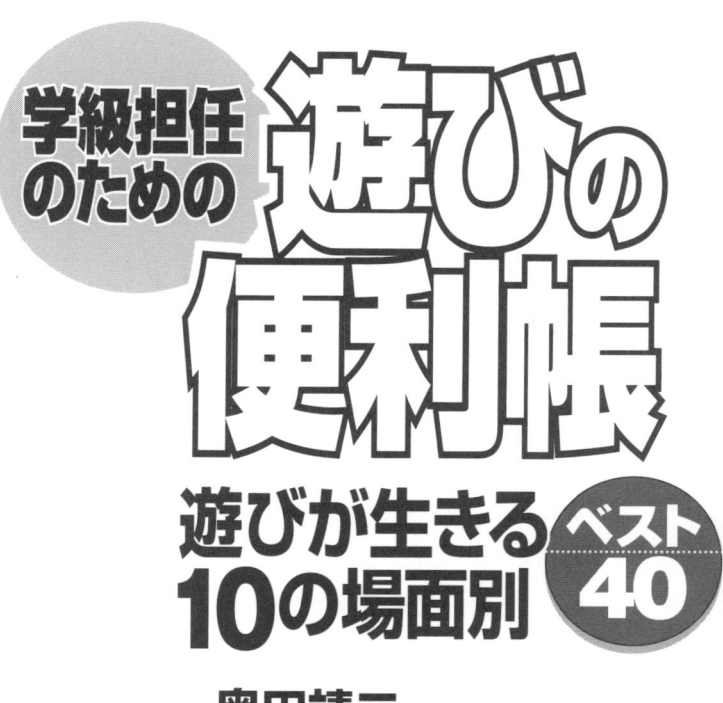

遊びが生きる10の場面別 ベスト40

奥田靖二

いかだ社

目次

はじめに 4

1 新学級はスムーズにスタート！
自己紹介ゲーム　パートⅠ…………14
自己紹介ゲーム　パートⅡ…………16
先生とじゃんけん…………18
じゃんけんポイポイ、ひっこめてホイ！…………20

2 学級お楽しみ会でやってみたい！
ウー　シュワッチ…………22
フルーツバスケット…………24
おおブレネリ…………26
こんにちは、さようなら…………28

3 班員どうしのまとまりがほしい時に
グループじゃんけん…………30
子とろ子とろ…………32
色あて相談…………34
いい耳どの班…………36

4 学習意欲を高め授業に興味をもたせたい
漢字フラッシュクイズ…………38
算数じゃんけん…………40
ふしぎな引き算…………42
おもしろ問題に挑戦！…………44

5 子どもが思いきり遊びたがっている時は
がまん足あげ遊び…………46
どくへびが来たあ〜…………48
バトルロイヤル…………50
しっぽとりかけっこ…………52

6 授業の気分転換にやると効果的
リフレッシュ指体操…………54
ポンパもしカメ…………56
新幹線・ハンカチ拍手…………58
二拍子三拍子ソング…………60

7 学級全員の個性と力を発揮させたい時は
しなものあつめ…………62
自分の学校名さがし…………64
フワフワUFOのゴルフゲーム…………66
班対抗はやおしクイズ…………68

8 子どもを教師に集中させたい時の必殺技
見えない糸…………70
輪ゴムのワープ…………72
エレベーターマジック…………74
あやとりの輪抜け…………76

9 授業参観日、保護者も一緒に！
親子で長さあて競争…………78
重いのはどの箱だ？…………80
カンつみ大会…………82
チクタクボンボン…………84

10 サタデースクールで何かやりたい時は
人間ボーリング大会…………86
ニョロニョロどじょう…………88
お金持ちじゃんけん…………90
宝さがし大会…………92

おわりに　ぐるになって生活を喜ぶ…………94

はじめに

楽しく学んでこそ力もつく

　子どもたちが楽しく学校や学級での生活をすごすことができてこそ、本当の学力も身につくのではないでしょうか。
　テストのためや、イヤイヤ勉強してもその「知識」は一時的で、本当に生きる力、生活の力となってはいかないでしょう。テストがすんだら忘れてしまったりします。
　ところが、楽しく学んだり、日ごろの遊びや行動を通して学んだものは、何年たっても忘れることなく、体のどこかにとどまって、ふとしたことで役に立つ、そして人と人とを結びつけるコミュニケーションの役割をはたしてくれたりするものです。

子どもたちの心をひとつに集中させる手だては？

　近年、学級の「荒れ」や「子どもたちがつかめない」状態に悩む教師も増えています。
　何とかわからせたい、ちゃんとした学級の規律をつけて

しっかり教えたい、と考えても、子どもたちの気持ちとはなれて、つい子どもたちも集中力を欠いて教室がさわがしくなったりすることもあるようです。

そういう時、子どもたちの心をひとつに楽しいことで集中させる手だてはないものでしょうか。

遊びを生かせる教師になろう

こういう時こんな遊びやゲームをやれば子どもたちも喜ぶ——こういうノウハウを知っている教師は、楽しい学級づくりができるでしょうし、子どもたちからも「おもしろい先生」として認められるでしょう。

それには子ども心をつかむことが必要です。

「授業中、ちょっと集中力が欠けてきたな」

「こういう方法じゃ、わかってない子が何人もいるな」

という時、教える中味もちょっと脱線してみるのも必要です。

今すすめている学年の教材とは少しはなれても、効果的なことがあります。

子どもの気持ちをこうしてつかむ

まず、子どもたちの目線で子どもたちを見つめることが大事です。

「よし、こういう状態ならここでこれを……」
というゆとりをもつことも大切です。
　でも、一番大事なのは指導者の側が楽しいと感じることです。子どもたちと遊ぶことを楽しむ姿勢がかんじんと言えるでしょう。
　たとえば
　「みんな、こんなことできるーっ？」
　とよびかけて、指遊びの「ポンパもしカメ」(p.56参照)などをやると、授業の気分転換になります。
　そのほかの指遊びも楽しいでしょう。
　また、教材に関連づけて「クイズ遊び」も子どもたちはとても喜びます。
　「みなさん、動物クイズをしますよ」
　「第1問。耳のながい動物は何でしょう？」
　(「はーい、ウサギです」)
　「ピンポーン、正解ですね。第2問、では、鼻のながい動物は？」
　(「ゾウです。こんなのやさしいよ」)
　「じゃあ第3問いくよ。めのながい動物は何でしょう？」
　(「えー！　そんな動物っているぅ?!」)
　「はーい、正解はヤギです。だって『メー！』ですからね」
　(「なーんだ」)
　こんな会話を楽しむのもいいですね。
　子どもたちはさっそく家に帰ってお母さんやお父さんにやってみせることでしょう。

遊びが有効というけれど、そんなにたくさん知らないんですが……

そう次つぎに遊びのノウハウがないという人もいることでしょう。

遊び・ゲームの指導には、そのネタが必要になるわけですが、ぜひ本書をはじめいろいろと学んでください。

一番いいのは直接レクチャーをうけて、自分も子どもにかえってやってみることです。

現代の子どもたちは、意外と古典的な遊びを知らなかったりするので、「椅子とりゲーム」や「ハンカチおとし」などの「昔からの遊び」も喜んでやってくれるものです。指導者がかつて楽しいと経験したものも有効です。

「昔とったキネヅカ」の「こままわし」や「ケン玉」「お手玉」「おはじき」なども現代の子どもにはできないテクが入っていますから披露するのもいいでしょう。

どんな時どんな遊びをしたらよいか

本書では10の場面の中で各々4つほど有効と思われる遊び・ゲームを紹介しています。

こんな時やりたい遊び、きっと子どもたちが喜んでとびついてくる遊びの例です。

目次にある通り、新学年の学級びらきや学級お楽しみ会

での遊び、授業に興味をもたせたい時に、また授業の気分転換になど、取り組んでくださるとよいでしょう。

子どもたちのグループで力をあわせてやる遊びで、なかまづくりに役立て、いじめのない楽しい雰囲気の学級づくりに生かしてもらえたらと思います。

笑いや歌声のわく学級にいじめなし

子どもたちが心から笑い、うたえる学級には「いじめ」は生じないでしょう。毎日安心して通える学校、楽しくすごせる学級、わかる授業、楽しい先生、助けてくれるなかま……こうした要素をクラスにつくっていきたいものです。

もちろん、遊びやゲームだけで楽しい学級はつくれませんが、遊びやゲームは大いに有効な手段であることはたしかです。

楽しい学級の大もとはわかる授業

では、楽しい学級をつくるためにもっとも基本となることは何でしょうか。それは「わかる授業」です。そして、子どもたちにとって勉強がわかる楽しさのまず一番は喜びです。

「ああ、そうか！」「なるほど、そういうわけかあ」と

いう喜びこそ、次の学ぶ意欲につながります。

高学年でやる「スピード計算」の例では、まずA君に好きな数字を言ってもらいます。次にB君にも言ってもらいます。3番目は先生が

「じゃ、先生もえーっと……C君も次どうぞ」

「最後は先生が……」

「じゃ、これを全部たし算で10秒以内でやりますよ」

暗算でやる方法がおわかりですか？

方法はA君と3番目の先生の数字、C君と5番目の先生の数字に注目ください。するとどちらも2つをたすと999999になっています。つまり1000000に各々1足りないので、この4つで2000000－2ですね。これに加えていなかったB君の数字から2引いたものを書き込めば2823943になりますね。これなら10秒以内でできます。

合計は200万＋（B君の数より2引いたもの）ということです。

```
A君    587536
B君    823945
先生   412463   たすと
C君    268439   999999！
＋先生  731560
―――――――――――――
答え  2823943
```

遊び・ゲームの指導のコツとは？

子どもたちを楽しい雰囲気にのせるコツとはどんなものがあるでしょうか。

まず第1は指導者の側が楽しいと感じていることです。「こらーっ、しっかりやれー！」では子どもたちも楽しくありません。校歌をうたう時も自分はうたわず、子どもた

ちに「もっと大きな声で！」なんて檄をとばしている先生もいます。まず先生が楽しそうに大きな声を出してうたうのが先ですね。これと同じです。

　第2は、ちょっと大げさなアクションでリードすることです。指導の中身をよく知ってオーバーアクションでリードすると、子どもたちものってきます。

　第3は、遊びのT. P. Oを考えて出すことです。

　遊び・ゲームのオンパレードでどんどんやるのは効果的ではありません。1回に2つくらいにしておきます。

　また、子どもがのってこない場合には、早めにきりあげます。

親と一緒に楽しむには

　保護者会などで一緒にやるほか、「うちに帰ってやってみよう」というのがあると、子どもは得意顔になって家に遊び・ゲームなどを持ち帰ってさっそくやってみたくなるものです。

　たとえばマジック遊びの「見えない糸」（p.70）や「エレベーターマジック」（p.74）などはすぐ見せたくなりますね。

　またパズルなどもうちの人と一緒にできるものは、うちに持ち帰ってやってもらいましょう。「お父さんがおそくまで時間をかけてやった」などという反応も返ってきて、楽しい家庭の団らんがつくれるものもあります。

ほかにもたくさん
ノウハウを身につけて

　この本に紹介したものの多くは私の編著による『遊び・ゲームワンダーランド』『学級の遊び・ゲームワンダーランド』『手品＆マジックワンダーランド』に紹介したものですが、よりいっそうノウハウをという方は、以上の3冊をはじめ、さまざまな遊びの本を参考にレパートリーをひろげてくださるようおすすめします。

　この本は「便利帳」の名の通り、体育館や校庭にジャージのポケットにでも入れて持参して、ヒントとなるように要約してあります。

　くわしい展開例や「もっと」という方には、以上3冊にくわしく数も多く（つくって遊ぶ、手遊び、歌遊び、マジック遊びなど）紹介してあります。

　指導者の側がたくさんのレパートリーをもつことは子どもたちにとってもうれしいことです。

　楽しい学級づくりのために本書をお役立てくださされば幸いです。

　　　　　　　　　　　　　　　　　　　2003年春
　　　　　　　　　　　　　　　　　　　奥田靖二

　　　お問い合わせ先　〒193-0844
　　　　　　　　　　　東京都八王子市高尾町1989-1
　　　　　　　　　　　（Tel&Fax）0426-61-3905

本書の特色 —— こんな遊びを集めました。

① 新学級はスムーズにスタート！
　新学級で緊張している子どもたちが早くなかよくなれる遊びです。初めての者同士でもリラックスしてできます。

② 学級お楽しみ会でやってみたい！
　大きな声を出してやりましょう。失敗しても、それがさらに楽しさを増すような内容の遊びを選びました。

③ 班員どうしのまとまりがほしい時に
　各グループで協力したり相談しあって取り組みます。メンバー間の意思疎通を図り、団結力を強める遊びです。

④ 学習意欲を高め授業に興味をもたせたい
　教科書の内容だけが勉強じゃありません。楽しい工夫をこらした漢字・算数遊びで学習意欲をかきたてます。

⑤ 子どもが思いきり遊びたがっている時は
　子どもは体を動かすのが大好き。全力を出して夢中になれる運動遊びです。きついところもズルをせずにね！

⑥ 授業の気分転換にやると効果的

　集中力が欠けてきたなと感じた時、ざわついてきた時などにどうぞ。頭も気持ちもすっきりリフレッシュできます。

⑦ 学級全員の個性と力を発揮させたい時は

　一部の子だけでなく、１人１人が主人公になれるクラスにしたいですね。みんなで力を出しあって楽しめます。

⑧ 子どもを教師に集中させたい時の必殺技

　手品はいろいろな場面で役立つので、いくつかおぼえておくといいですよ。子どもが喜ぶ4作品をお教えします。

⑨ 授業参観日、保護者も一緒に！

　保護者も参加すると、より盛り上がる遊びです。恥ずかしがらず、ユーモアを発揮してもらってください。

⑩ サタデースクールで何かやりたい時は

　学年がちがっても、一緒にワイワイできるのでお薦めです。高学年は低学年を上手にリードしてあげましょう。

| 対象／全学年 | 場所／教室などどこでも |

自己紹介ゲーム パートI

新しいクラスのなかまに、まずは自己紹介。友だちの名前と顔を早くおぼえたいですね。でもただの自己紹介じゃつまらない。すぐに忘れてしまうかも。子どもたちの緊張をほぐし、印象に残るような工夫をこらしましょう。

1 新学級はスムーズにスタート！

遊び方

1. 10人くらいずつ教室の前にならんで立ちます（すわってもよい）。
2. まず端の1人が「ぼくは、サッカーのすきな山田ひろしです」と自己紹介します。
3. 次の人は「わたしはサッカーのすきな山田くんのとなりのチョコレートのすきな石川みどりです」と自己紹介します。
4. 次の人が「ぼくはサッカーのすきな山田くんのとなりの、チョコレートのすきな石川さんのとなりの、給食のすきな青木一郎です」と次つぎに前の人の紹介をくりかえし先につけて言います。

先生の自己紹介も楽しく

先生も家族の紹介を似顔絵のパネルにしたり、出身地や趣味などをクイズにしたりすると楽しいですよ。

ポイント

- 後になるほどたくさんの人を紹介しながら言うので大変です。つまったらみんなで「ほら、チョコレートのすきな……」というようにヒントを出してあげるといいですね。
- 低学年の場合は「～のすきな」は省略して「○○くんのとなりの△△さんのとなりの……」というように名前だけでもよい。

サッカー…
チョコレート
給食…
ぼくは サッカーのすきな 山田ひろしです。
わたしは サッカーのすきな 山田くんのとなりの チョコレートのすきな 石川みどりです。
ぼくは サッカーのすきな 山田くんのとなりのチョコレートのすきな 石川さんのとなりの 給食のすきな 青木一郎です。

つまったら…
チョコレートだよ
ほら チョコレートの すきな…
わたしは サッカーの すきな 山田くんのとなりの…え〜〜と…
みんなで ヒントを 出して あげよう

先生の自己紹介も たのしく
似顔絵パネル
クイズです。先生のとくいなスポーツはどれでしょう?
先生の家族を紹介します!
① テニス
② バレーボール
③ おもう

| 対象／全学年 | 場所／教室などどこでも |

自己紹介ゲーム パートⅡ

1 新学級はスムーズにスタート！

手づくりのカードを使った自己紹介ゲーム。1人1人とじゃんけんをしながらあいさつします。相手からもらったカードにはその人の名前の他、誕生日や趣味が書いてあるので、友だちのことがいろいろわかって便利です。色えんぴつを使うときれいです。

用意するもの●画用紙　色えんぴつ

遊び方

1. 名刺大ほどに切った画用紙を、1人に5枚くらいずつ配ります。
2. 各自、その画用紙に自己紹介を書きこみカードをつくります。

   【書く項目の例】…名前、誕生日、得意な科目、すきなスポーツ、趣味など。
3. クラスのみんながバラバラになり、それぞれ自分のカードを持って、だれとでもじゃんけんをします。
4. 負けたら自分のカードを1枚相手にあげて「○○○○です。どうぞよろしく」とあいさつします。
5. 次つぎと別の人とじゃんけんをして、カードをたくさん集めます。5分くらいで終了。

   「はーい、おしまい！」

   「いちばんたくさん集めたのはだれかな？」

   いったんとった人のカードを「これは○○さんのカードです」と先生にわたしてもいいでしょう。
6. 多く集まった人からだれのカードをもらったか紹介してもらいます。

ポイント

●あいさつする時は、相手と目を合わせて名前と一緒に顔をおぼえるようにしましょう。

●絵が得意な子は絵を描いてもよい。印象も強くなり、おぼえやすくなります。

1 新学級はスムーズにスタート！

山田ひろし
たん生日 5月3日
とくいなスポーツ サッカー

石川みどり
です
よろしくね。
しゅみ ピアノ
色えんぴつを使う

たん生日や趣味をいれる

★ 用意するもの 自己紹介カード ひとり5枚くらいずつ

じゃーんけんポイ！

かった！

まけちゃった

石川です。
どうぞよろしく。

カードゲット！！

多くとった人から
だれのカードが
紹介してもらう

山田ひろしくん
たん生日は…
とくいな
スポーツは…

ぼくは
まけてばっかりで
カードぜんぶ
なくなっちゃった

ざんねん

| 対象／全学年 | 場所／教室などどこでも |

先生とじゃんけん

子ども全員対先生でやるじゃんけんです。先生が子どもとの距離を一気に縮められるところが魅力の遊び。「先生とじゃんけんをしよう！」「じゃーんけんポイ！」「わー！勝ったあ！」「負けたあ！」教室のみんながわくことうけあいです。

1 新学級はスムーズにスタート！

遊び方

1 先生が声をかけ、子どもたちに起立してもらいます。「じゃあ、みなさん。みんなとなかよしになるために、じゃんけんゲームをしましょう。みなさん立ってください。先生に負けた人は、席にすわりましょう。勝った人とあいこの人は2回戦です！」

2 先生はみんなに見えるように手を高くあげ、じゃんけんをします。
「じゃんけん、ポイ！」
「ワー、勝った！」「負けちゃった！」

3「負けた人はすわってー！2回戦いくよ！」

4「さあ、さいごの1人だね！」
決勝戦は全員で盛り上げます。

児童集会ではこんなふうに

児童集会などでやる時は、右の絵のようなプラカードをつくってやりましょう。係の子3人がグー、チョキ、パーのパネルをそれぞれ1つずつ持ってやってもよい。その場合は、どの順番でパネルを出すか、あらかじめ打ち合わせをしておきます。

ポイント

- あと出しはなしです。
- 先生はすこし高い台の上に乗ってもよい。
- 負けてすわっている子がつまらなくならないように、「応援してね」など先生の声かけも必要です。

1 新学級はスムーズにスタート！

先生と…

じゃーんけん ポイ！

かった！
あいこだー
まけた〜

児童集会で…

じゃーんけん ポイ！

まけた〜
あいこだー
かったー

対象／全学年　　場所／教室などどこでも

じゃんけんポイポイ、ひっこめてホイ！

「先生とじゃんけん」の応用版です。「先生とじゃんけん」で教室に活気がでてきたら、続けてやってみてください。両手を使うので少し複雑ですが、ハラハラドキドキする興奮も加わって、子どもは喜びます。

1 新学級はスムーズにスタート！

遊び方

1 子どもたちに立ってもらい、ルールを説明します。

「じゃあみなさん、今度は両手を使ってじゃんけんです。『じゃんけんポイポイ』と言ったら両手をあげて、右手と左手でちがうけんを出してね」「『ひっこめてホイ！』と言ったら、どちらかの手をおろしてください。残った手のけんで勝負だよ！」

2 最初はゆっくりやりましょう。

「じゃんけんポイ、ポイ」で右手・左手を出し、ちがうけんを出します。

3 「ひっこめてホイ！」で、どちらかの手をおろします。先生のけんを見ながら、「ひっこめて」と言っているうちに自分はどちらをおろすか考えさせます。

4 みんなも「ホイ」ですばやくおろします。

5 負けた人はすわってもらい、2回戦に進みます。

6 決勝戦は全員で盛り上げます。

ポイント

● 何度か練習してからやるとよい！
● 予想しなかった方をおろされて負ける場合も。その意外性もまたおもしろい。
● 負けた子どもたちも、応援するなどで参加させましょう。
● 相手のを見てからゆっくりおろすのは反則。

1 新学級はスムーズにスタート！

対象／低・中学年　場所／教室などどこでも

ウー シュワッチ

「シュワッチ」の瞬間がドキドキする遊び。リーダーのポーズにつられたらアウト。でも、リーダーの勢いでついさそわれてしまいます。最初は先生がリーダーになり、子どもを遊びに引き入れましょう。慣れてきたら子どもにリーダーをバトンタッチ。

2 学級お楽しみ会でやってみたい！

遊び方

1. 先生は、「ウー」と言って両手をうしろにかくします。
2. 「シュワッチ」のかけ声で、パッとポーズ。右の絵の1、2、3のいずれかのポーズをとります。
3. 子どもたちも先生の「シュワッチ」と同時に、1～3のどれかのポーズをとるように、あらかじめ指示しておきます。
4. 先生と同じポーズをした子は負けです。
5. 負けた人にはすわってもらい、最後は先生対1人で決勝戦です。

ドラえもんじゃんけん

「ウー」「シュワッチ」のかけ声とポーズは変えてもよい。たとえば、「ウーシュワッチ」の指示のかわりに、「ドラドラドラドラ……」と両手をまわして右下の絵のようなポーズをする「ドラえもんじゃんけん」もおもしろい。
「ドラドラドラドラ……ドラえもん！」

ポイント

- 3つのポーズは、最初に「シュワッチ」のかけ声にあわせて練習しておくとよい。
- 「シュワッチ」でいっせいにポーズをし、「あとだしはズルだよ」と確認しておきましょう。
- 優勝者にプレゼントなどを用意しておくのも楽しい。

先生と同じポーズをした子は負けだよ。

ウ～～～

シュワッチ

ポーズ1　　ポーズ2　　ポーズ3

2 学級お楽しみ会でやってみたい！

目がないから…　　『ドラえもん！』

めがね…　　『のび太！』

ド～～ラドラドラ　ドラドラドラドラ

ちからこぶ…　　『ジャイアン！』

ドラえもんじゃんけんもおもしろい！

リボン…　　『しずかちゃん！』

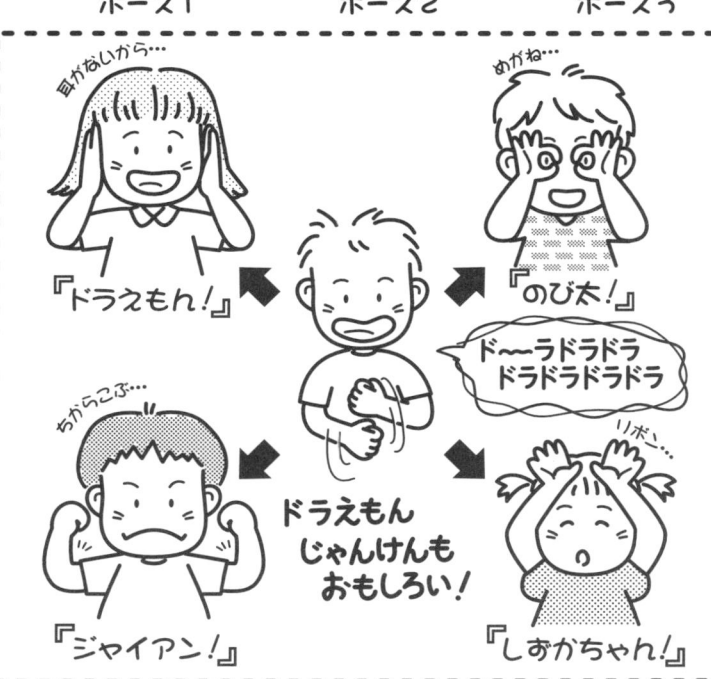

対象／全学年　　場所／教室

2 学級お楽しみ会でやってみたい！

フルーツバスケット

元気よく動き回れるのが子どもに人気の遊びです。ちょっと引っこみ思案の子には先生が手助けしてあげてください。いろいろなバリエーションを考えてやってみましょう。勢いあまってたおれないようにね！

用意するもの●椅子（人数分）

遊び方

1. 輪になってすわり、鬼だけは椅子がありません。
2. すわっている人の1人1人に「あなたはバナナ」「みかん」「りんご」……と、自分の役割の名前を決めます。
3. 鬼が輪の中で「みかん！」とさけぶと、椅子にすわっている人のうち「みかん」役の子たちだけが立ちあがり、他のあいた椅子へ移動してすわります。
4. その間に、鬼はすばやくあいた椅子にすわります。
5. すわれなかった子が次の鬼になります。
6. 「バスケット！」と言ったら全員入れかえです。

【バリエーション】

「おでん！」（だいこん、こんにゃく、がんもどきなど）
「すきやき！」（おにく、ねぎ、しいたけなど）
「スカートはいてる子！」
「白いくつしたの子！」
「パンツはいてる人！」
などユーモラスにやって移動させるのもおもしろい。

ポイント

●何回も鬼になった子は、罰ゲームとして「がまん足あげ1分」などをやっても楽しい（本書46ページ）。
●学級びらきの遊びでやるのも効果的。すぐ友だちになれますよ。

2 学級お楽しみ会でやってみたい！

ワーッ

みかん

バリエーション
『おでん』

バリエーション
『すきやき』

こんな札をつくっても 楽しいね！

| 対象／全学年 | 場所／教室など |

おおブレネリ

先生方にはおなじみの歌ですが、最近は知らない子もいるようです。歌遊びもお楽しみ会で取りあげましょう。交代で立ったりしゃがんだりする単純な動きなのですぐにおぼえられます。保護者の前で披露するのもいいですね。

詞／松田稔

遊び方

① まず、みんなで歌をおぼえましょう。
② 男の子と女の子のうたう個所を決めます。
③ はじめは全員でしゃがみます。まず男の子が立ちあがって、「おおブレネリ あなたのおうちはどこ」とうたったら、すぐしゃがみます。
④ 女の子が、「わたしのおうちはスイッツランドよ きれいな湖水のほとりなのよ」と立ちあがってうたいます。

以下
男「ヤーッホー」（立ちあがってすぐしゃがむ）
女「ホートゥラララ」（立ちあがってすぐしゃがむ。以下同じ）
男「ヤッホ」女「ホートゥラララ」
男「ヤッホ」女「ホートゥラララ」
男「ヤッホ」女「ホートゥラララ」
男「ヤーッホー」女「ホートゥラララ」
男「ヤッホ」女「ホートゥラララ」
男「ヤッホ」女「ホートゥラララ」
男「ヤッホホ」
立ったりすわったり、忙しいよ。

ポイント

●つられてまちがえて立たないよう注意。しかしそれも笑いを誘って楽しい。

2 学級お楽しみ会でやってみたい！

♪ おおブしネリ あなたの おうちはどこ——♪

♪ わたしの おうちは スイッツランドよ——♪
　　きれいな こすいの ほとりなのよ——

♪ ヤ——ッホ——♪

♪ ホ——トゥララ ♪

まちがえた〜〜

2 学級お楽しみ会でやってみたい！

| 対象／全学年 | 場所／教室など |

こんにちは、さようなら

どのくらいなかよしか、気があっているかの相性診断テストです。ふだんはけんかばかりしているのに「親友」になったり、とてもなかがいいのに「けんか友だち」になったり。新しい友だちづくりの遊びとしてもおすすめです。

2 学級お楽しみ会でやってみたい！

遊び方

1. 2人1組のペアで背中をあわせて立ち、腕を組みます。
2. まわりの子どもたちが声をあわせて、
   1「こんにちは！」
   2「さようなら！」
   3「またあした！」
   と、各々最後の「は」「ら」「た」を強く言って、かけ声をかけます。
3. 2人は、その「は」「ら」「た」の時に、さっと首をねじって左右どちらかにふりむきます。
   この時うまく顔があうか、左右反対になってそっぽをむいてしまうかが、「友だち度」「相性度」をはかるめやすです。
4. 3度とも気があって顔を見あわすことができたら「親友」、2度なら「なかよし」、1度だけなら「友だち」、1度もあわなかったら「けんか友だち」などと決めます。

ポイント

●はじめる前に2人がどちらをむくかの打ちあわせをしてはいけません。
●大人のレクリエーションにも使えます。かけ声のセリフはアドリブで楽しく考えてください。

《基本のポーズ》

こんにち**は**

さような**ら**

またあし**た**

★ は・ら・た で
左右どちらかに ふりむきます。
打ち合わせしてはダメ！

3度顔があったら **親友**

2度顔があったら **なかよし**

1度顔があったら **友だち**

1度もあわなかったら **けんか友だち**

2 学級お楽しみ会でやってみたい！

| 対象／全学年 | 場所／教室・体育館など |

グループじゃんけん

さあ、チームのみんなが心をあわさないと、このじゃんけんには勝てません。1人でもちがっちゃうと、そのチームは負けになるんだから……。こっそり相談してね。人数をふやしてむずかしくしてもいいですね。

3 班員どうしのまとまりがほしい時に

遊び方

1. チーム（班）で、自分たちがそろって出すけん（グーかチョキかパー）をこっそり決めます。
2. チームが横1列にならんで、相手チームといっせいにじゃんけんをします。「じゃーんけん」と声をあわせること。
3. 「ポイ」で出し、チームでそろって勝ったらよい。あいこなら、次に出すけんをすぐ相談します（あいこの時には何を出すかを決めておくのもよい）。
4. こっそり決めたけんを、チームのだれか1人でもまちがって出したら、そのチームは負けになります。
5. 全チームと戦っていちばん多く勝ったチームの優勝でもいいし、班対抗トーナメントでやるのもいいでしょう。

ポイント

- チームで相談する時、他のチームに知られないようにしましょう。
- 1回もまちがえなかったチームに「なかよしで賞」を贈るなども考えてみては。
- さらに、チャンピオンチームによる学級対抗戦を、学年でやってもおもしろい。1チーム10人くらいの代表でやるといいでしょう。

3 班員どうしのまとまりがほしい時に

チョキでいこう

あいこならグーで

じゃーーーん けーーーん

ポイ！

ひとりでも まちがって出したら そのチームは負け！

| 対象／全学年 | 場所／校庭 |

子とろ子とろ

班やグループでチームをつくってやりましょう。トップの人が上手にリードしながら、みんなで息をあわせて鬼からにげます。班員のチームワークが試されますよ！ 学級や学年のお楽しみ会などでやってもおもしろい。

3 班員どうしのまとまりがほしい時に

遊び方

1. 1チーム5〜6人でたて1列になり、前の人の腰をつかんでならびます。
2. 鬼はすばやくまわりこみ、ビリの人にタッチしに行きます。
3. 列のメンバーは、タッチされないように鬼から上手ににげます。トップの人は両手を広げ、たくみに鬼の行く手を邪魔します。うしろの人たちは、手をはなさずに動きをあわせましょう。
4. タッチされたら、こんどはトップの人が鬼になって、他のグループのビリの人をタッチしにいきます。
5. 鬼だった人はいちばんうしろにつきビリになります。

ポイント

- 鬼は右に行くとみせかけてさっと左に行くなど、フェイントをかけてビリにまわりこむようにします。
- とちゅうで手をはなしたら鬼の勝ちになってトップが鬼になります。
- 人数に応じて鬼をふやしてもいいでしょう。

ビリの人 ↓

トップの人 ↓

⇐ 鬼

鬼は まわりこんで ビリにタッチする

3 班員どうしのまとまりがほしい時に

⇩

⇧
鬼だった人は
ビリになる

⇐ タッチされたら
トップの人は 鬼になって
他のグループの ビリを
タッチしにいく

| 対象／全学年 | 場所／教室 |

色あて相談

とっさにできて盛りあがる遊びです。正解は偶然ですが、予想は班で相談して決めます。班員どうしが話しあうきっかけをつくり、リーダーを育てる効果もあります。

用意するもの●チョーク（白、赤、黄）

3 班員どうしのまとまりがほしい時に

遊び方

1 チョークを3色用意してはじめます。
「ここに3本の白、赤、黄のチョークがあります」
「さて…」

2 「この手ににぎっているチョークの色は何色だと思う？　班で相談して決めてください」

3 各班で相談し、制限時間内に1つに決めます。
「相談がまとまりましたか？」
「1班は」「赤！」
「2班は」「黄！」
「3班は」「白！」

4 全部の班が発表し終わったら答えあわせ。
「はいこの通り。正解は○班！」
1回目・2回目と成績表をつけて、正解の多かった班が優勝としてもよい。

ポイント

●相談の時間は30秒とか1分とかに決めておきます。
●相談している時、どういう決め方でやっているか観察するのもおもしろい。どの子がリーダーシップをとっているかなどもわかります。

チョーク3色
赤 白 黄
にぎっているチョークは 何色でしょう? 班で相談して 決めて下さい!
青は はいって ないよ
青!
ぜったい 赤だよ!
白じゃない かな?
う〜ん
正解は 1班!
成績表をつけると おもしろいよ。
●成績表●
1回目 2回目 3回目 4回目 5回目
1班 ○ × ○
2班 × × ○
× ○ ×

対象／全学年　　場所／教室

いい耳どの班

班対抗でやることば当てゲームです。どの班の人がいちばんよい耳をもっているでしょうか。班のメンバーは集中力を高めてがんばり、チームワークを発揮するチャンスです。よーく耳をすませて聞いてね。

3 班員どうしのまとまりがほしい時に

遊び方

1. 出題班は、問題に出すことばをあらかじめ「くだもの」とか「どうぶつ」とか決め、ヒントとしてクラス全員に伝えます。
   出題班「いまからあることばをいっせいに言いますので、何と言ったか当ててください。ヒントは『どうぶつ』です。

2. 班では何のことばにするかこっそり相談して、班の1人1人に1字ずつ発表する文字をわりあてます。
   【例】「どうぶつ」のラクダに決めた場合
   Aくん、Bさん……**ラ**
   Cくん、Dさん……**ク**
   Eくん、Fさん……**ダ**

3. 班の全員がそろって、「せーの！」でいっせいに自分のわりあての文字を大声で言います。

4. 他の班は出題班の言ったことばを、相談して当てます。

5. 1回で当たったら3点、はずれやわからない時は「アンコール」でもう1度。

ポイント

●文字数を多くしたり、ノーヒントにするといっそうむずかしくなります。
●どんなことばならわかりにくいか、だれがどのことばを言うかなど、子どもどうしの話しあう力をのばすようにうながしたいですね。

3 班員どうしのまとまりがほしい時に

対象／全学年　場所／教室

漢字フラッシュクイズ

日ごろから興味をもっているものであれば、低学年の子でもむずかしい漢字を読めることがあります。ともすれば苦痛になりがちな漢字の学習も、このようなクイズ形式でやると子どもの興味と意欲をかきたてます。

用意するもの●画用紙など　マジックペン

4 学習意欲を高め授業に興味をもたせたい

遊び方

1. 画用紙などでカードをつくり、マジックペンで子どもたちが日ごろ興味をもっていそうな漢字を書きます。習っていない字でも、Ｊリーグチームの名前の漢字部分でも、クラスの子で珍しい苗字の漢字でもかまいません。テレビ番組の名やタレントの名前も、わかる子には「カン」でわかるものです。

2. このカードをたばねて裏をむけて持ち、パッと表を出して、すぐまた裏にむけます（１、２秒間）。
「いまの漢字がわかった人！」
「はい、○○です！」

3. いちばん多く答えた子には漢字博士として賞状をあげたり、「今日の漢字博士」として毎日やってみるのもいいでしょう。

ポイント

●クラスのどの子にも見えるように。
●右ページのようなユーモアカードをつくるのもおもしろい。「さて、なんと読むかな？」「ありさんが10ぴきで"ありがとう"だよ」これはゆっくり見せてもよいですね。
●習った漢字を少しずつまぜてやるとよい。答えあわせをしたら、みんなでノートに書いて復習しましょう。
●国語だけでなく、他教科の授業内容も盛りこんで応用してください。

4 学習意欲を高め授業に興味をもたせたい

興味を もっていそうな 漢字を書いた カード

魔法　賢者　磐田　政神　恐竜

1〜2秒

カードをたばねて
裏を向けて持ち
パッと表を出したら
すぐにまた 裏を向ける

きょうりゅう

へ〜え

★こんなカードも おもしろいよ！

『ごくろうさん』

『ありがとう』

| 対象／全学年 | 場所／教室 |

算数じゃんけん

「じゃんけんポイポイ、ひっこめてホイ！」（p20）に似ているけれど、いっそうむずかしい。瞬時に数を計算するじゃんけんゲームです。算数の授業のウォーミングアップにどうぞ。うっかりすると先生も負けてしまうかも……。

4 学習意欲を高め授業に興味をもたせたい

遊び方

1 ２人で「じゃんけんポイポイ」と片方ずつ出してじゃんけんをします。

2 出すけんは、パーとグーだけ（〈ルール１〉）。両手とも同じものを出してもよい。

3 パーを10円、グーを５円と決めます。

4 すぐ４本の手の合計を計算して、答えをさけびます。

5 〈ルール２〉として、高学年向きに「チョキは２円」を入れたルールにすると、ぐっとむずかしくなります。

6 早く正解をさけんだ方が勝ちです。早くさけんでもまちがえたら負けになります。

ポイント

●自分であらかじめ出すけんを決めておき、「こちらは10円だから、相手の２つをさっと足せばいい！」と考えてやること。これが勝つためのコツです。でも、相手も作戦を考えていますから、油断は禁物ですよ。

●班対抗の「ＰＫ戦」で勝ちぬきをやれば、みんなはさらに燃えるでしょう。

《ルール1》
出すけんは
パーとグーだけ
両手おなじでも
OK!
じゃんけんポイポイ
グー
パー
5円
10円
35円!
10円
10円
5円
10円
すぐ4本の手の
合計を計算して
答えをさけぶ。
《ルール2》
高学年向き
チョキ
2円
を入れる
19円!
え〜〜っと
先生の負け—

| 対象／全学年 | 場所／教室 |

ふしぎな引き算

数のふしぎさ、算数のおもしろさを味わえる遊びです。あまり数が多いと1つ1つの計算が大変になりますので、学年にあわせて数字は2けた、3けたにします。朝の自習にもいいですね。

参考／岩手・胆沢地区民教連機関誌より

4 学習意欲を高め授業に興味をもたせたい

遊び方

1. 正方形の4つの角に、どんな数字でも適当に書きます。
2. 一辺上（となりあう）の2つの数字の大きい方の数から小さい方の数を引きます。
   248−78＝170
3. あとの3辺についても同じように引きます。
   329−136＝193
   329−78＝251
   248−136＝112　　答えを各々その辺のまん中に書き、点をむすんで線を引きます。
4. 同じように、新しくできた4辺についても
   170−112＝58
   251−170＝81
   251−193＝58
   193−112＝81　　となり、また線でむすびます。
5. 何度かやっているうちに、引き算の答えは全部同じになっています。
6. 最後は、23−23＝0が4つになってしまって、みんなが、0（ゼロ）になってしまうのです。

ポイント

●最初の4つの数字は、どんなものでもできます。学年に応じて、数の大きさを決めてください。0になるまで四角がいくつできたかを予想して、勝ち負けを決めるのもよいでしょう。

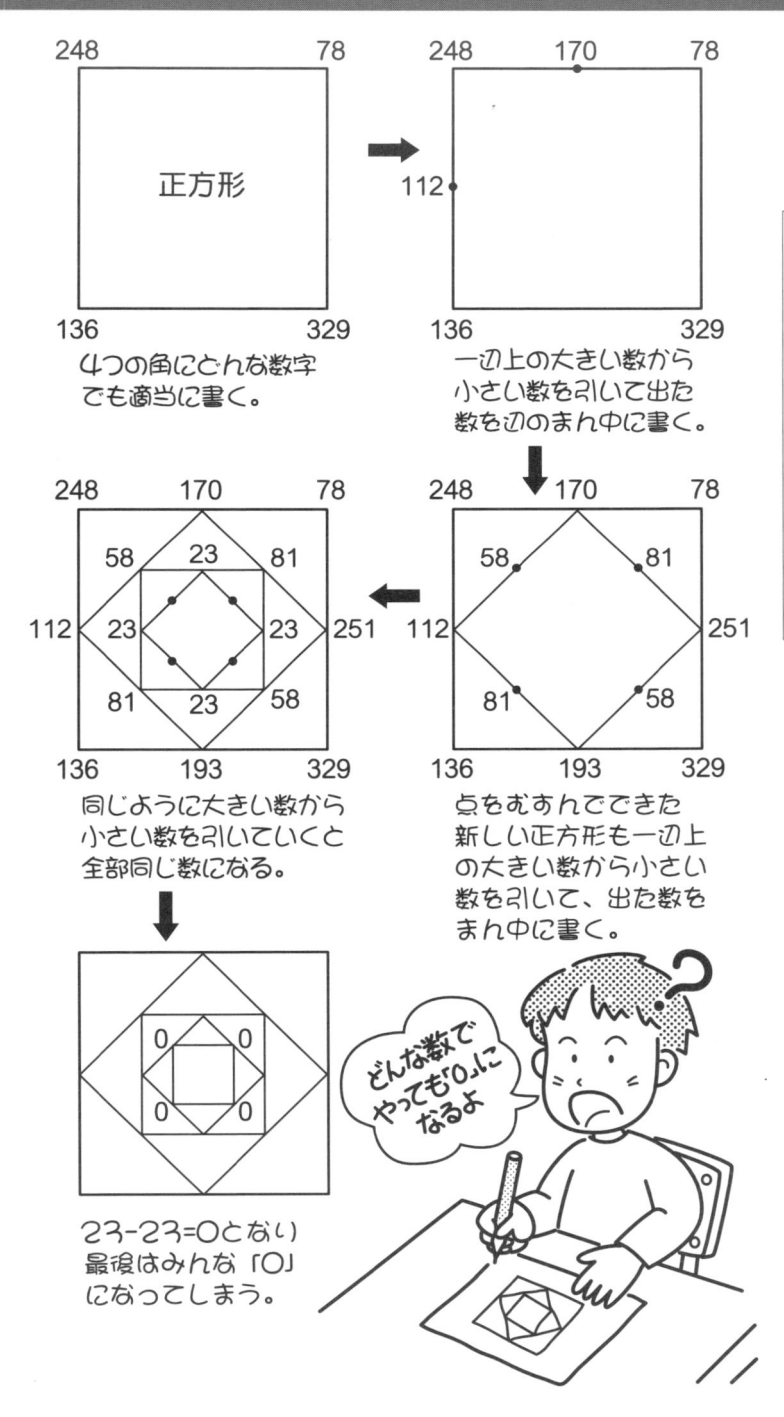

4 学習意欲を高め授業に興味をもたせたい

248　　　　　　　78	248　　　170　　　78
正方形 136　　　　　　　329	112● 136　　　　　　　329

4つの角にどんな数字でも適当に書く。

一辺上の大きい数から小さい数を引いて出た数を辺のまん中に書く。

248　　170　　78
58　23　81
112　23　　23　251
81　23　58
136　193　329

同じように大きい数から小さい数を引いていくと全部同じ数になる。

248　　170　　78
58　　　　81
112　　　　　251
81　　　　58
136　193　329

点をむすんでできた新しい正方形も一辺上の大きい数から小さい数を引いて、出た数をまん中に書く。

0　0
0　0

23-23=0となり最後はみんな「0」になってしまう。

どんな数でやっても「0」になるよ

対象／中・高学年　場所／教室

おもしろ問題に挑戦！

子どもたちはクイズが大好きなので、算数のおもしろさを発見できる楽しい問題をネタとしてたくさんおぼえておくと役立ちます。ここでは、実際にやってみて「な～るほど」と思える身近なクイズを紹介します。

遊び方

第1問

1円玉をあなたの体重と同じ重さぶん集めたら、何円になるかな？
ヒント……1円玉1個は1グラムです。

第2問

1万円札をあなたのせの高さだけつみあげたら何万円か？
ヒント……新しいお札で1000万円は約7cmです。

第3問

紙（テストで使うふつうの紙）で1万枚ってどのくらい？
先生に1000枚1しめのたばを持たせてもらいましょう。
1しめの重さ÷1000で紙1枚の重さもわかりますね。

第4問

川があるので、A君の家からB君の家へ行くのに橋をかけたいと思います。川はばは10m。A君の家の対岸からB君の家までの距離は30mです。橋は川の流れに直角にかけます。A君の家からB君の家まで、できるだけ早く行くには、どこに橋をかければよいでしょうか？
（これはちょっとひっかけ問題です。「とんち」をはたらかせて考えてね）

ポイント

●各学年の学習内容にあわせてアレンジしてください。

4 学習意欲を高め授業に興味をもたせたい

第1問

①＝1g です。

第2問

1000万円 ＝ 7cm です。

第3問

これでも まだ 3000まい…

重い…

1しめ ＝ 1000枚 です。

第4問

どこに橋をかけたら いちばん早くいけるかな？

10m
30m

30たす10だから…

どこにかけても同じじゃないかなぁ…

なーんだ

(答え)
幅30mの橋をかけて ななめに行く。

4 学習意欲を高め授業に興味をもたせたい

| 対象／全学年 | 場所／体育館・校庭 |

がまん足あげ遊び

これはお腹の筋肉を使うので、体力づくりにも役立つ遊びです。筋肉トレーニングはきついものですが、このように遊びの要素を取り入れれば子どももののってきます。体育の授業でもやってみてください。

遊び方

1 体育館の床にあおむけにねころんで、「気をつけ！」をします。

2 ひざをまげずに、両足を床から約15cmくらいあげます。
「すこしあげて！」
「あげすぎ、ひざまげは反則だよ」
などのコメントも入れて。

3 「よーい、どん」の合図で、何秒（またはいくつ数えるあいだ）がまんできるかを競います。

ポイント

●10秒くらいでダウンする子もいます。無理のない範囲でやりましょう。

●足をあげすぎたり、ひざをまげてやる子もいるので、そばで両足を持って「このくらいでがまん！」と具体的に教えてあげてください。

●これは、お父さんやお母さんのダイエット体操にもなります。毎日ねる前に2〜3回やってごらん、みんなでやるとおもしろいですよ。家庭でやって楽しいだんらんの時を。

5 子どもが思いきり遊びたがっている時は

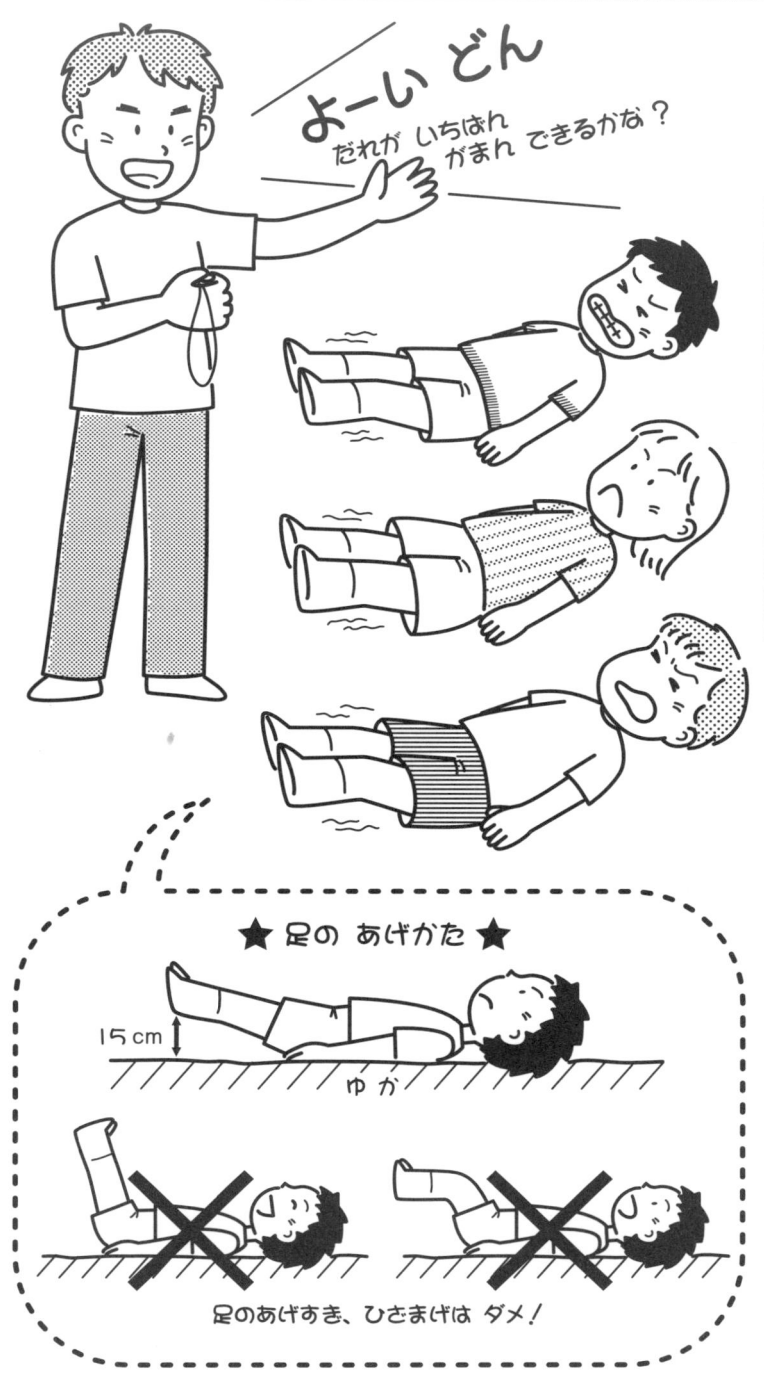

よーい どん

だれが いちばん がまん できるかな？

5 子どもが思いきり遊びたがっている時は

★ 足の あげかた ★

15cm
ゆか

足のあげすぎ、ひざまげは ダメ！

| 対象／全学年 | 場所／体育館など |

どくへびが来たあ〜

へびになりきって遊ぶごっこ遊びです。床をはうのは意外と大変ですが、子どもは夢中になっているので知らず知らずのうちに体をきたえられるというわけです。体育館のバスケットコートなどをエリアにして思いきりやりましょう。

5 子どもが思いきり遊びたがっている時は

遊び方

1. 体育館で一定の広さを決めて、その中に全員集合します。ここから出た人はアウトです。
2. 鬼のどくへび役を、3人ほど決めます。
3. どくへびは、はって移動します（ひざをたててはってはいけない。ころがるのはよい）。
4. スタートの合図で、どくへびは立っている人をねらって近づき、足をさわります。立っている人はさわられないようににげましょう。走ってもよいとします。
5. さわられた人は、どくへび（鬼）に変身してしまいます。この時、さわられた人は、「あ、どくがまわった〜」と言ってオーバーなアクションでたおれるようにします。
6. どくへびがどんどんふえていきます。
7. 最後までにげきれた人が勝ち。

ポイント

- どくへび（鬼）は組んで、立っている人をコーナーなどにはさみうちやおいこみをするとつかまえやすい。
- どくへびがたくさんになったら、1列にならんでいっせいにせめる作戦でやるとおもしろい。
- エリアをこえたりする子はアウトで、すぐどくへびにされてしまいます。
- にげきった人が勝ちですが、むしろどくへび役になると子どもたちは大喜びします。

5 子どもが思いきり遊びたがっている時は

対象／低・中学年　場所／体育館・校庭など

バトルロイヤル

みんな体と体をぶつけあい、力を出しておしあいへしあい。マットの上のおしくらまんじゅうみたいなゲームです。寒い日などにやれば体もポッカポカ。子どものストレス発散にもなります。でも反則したら退場ですよ。

用意するもの●フワフワマット　マット

5　子どもが思いきり遊びたがっている時は

遊び方

1. 大きなフワフワマットがあればいちばんいいですが、ない時はマットを8畳分くらい床にしきつめます。
2. くつをぬいではだしでマットの上にのり（全員、または大きさにあわせて20人くらいとか）、みんなでだれでもマット外におし出します。マット外の床の上のマットに手足、頭などがふれたらアウト。
3. アウトの人は、マットから2mくらいはなれてすわって審判します。
4. 最後まで残った人がチャンピオンです。

ポイント

●痛い人、なきそうな人は自分からマットの外ににげましょう。
●なぐったり、けったりは危険なので禁止。あくまでもおして出すこと。
●教師は、反則者や危険と思われる行動をした子は外に出してください。サッカーのように「○○君！　レッドカード」などでもよい。
●弱い子（女の子など）が力をあわせて、作戦タイムでまず強い子を出すよう相談するのもよい。
●少々乱暴でも、危険がないかぎり、泣く子が出ても「泣く子はにげろ〜！」などと言って、やらせてみましょう。

反則	★ ○かみのけひっぱり
	○げんこなぐり
	○つばかけ
★ ○けっとばし

反則する子はレッドカードで退場！

5 子どもが思いきり遊びたがっている時は

がんばれ～

アウトの人は マットから2mくらい はなれてすわって 審判や応援をする

| 対象／全学年 | 場所／校庭 |

5 子どもが思いきり遊びたがっている時は

しっぽとりかけっこ

思いっきり走りまわれるかけっこ遊びです。学級、学年、全校集会のどれでも楽しんでやることができます。人のしっぽをとることばかりに気持ちが集中していると、サッとうしろからまわりこまれてとられてしまいます。

用意するもの●スズランテープ

遊び方

1 何チームかにわかれ、チームごとに色ちがいのスズランテープでしっぽをつくります（30cmくらい）。

2 各自しっぽを腰につけます（ベルトやスカートにはさむ）。

3 よーいどんで、他チームの人のしっぽをとりにいきます。

4 自分のがとられたら、人のをとることはできません。エリアからはなれたところにすわり、自分のチームの応援をしましょう。

5 最後までにげきった人がいるチームの勝ち。あるいはいちばんしっぽをとった人が勝ちとしてもよい。

ポイント

●自分たちのチームの色以外のをとりにいく。
●しっぽはベルトかスカートにはさむだけ。むすびつけてはいけません。
●しっぽをちょっとだけ出すのもダメです。
●自分のしっぽを手でおさえるのは反則。
●学級などでやる時には個人戦でもいいでしょう。だれのでもたくさんとった人の勝ち。
●学年ごとにクラス対抗でやってもおもしろい。全員でもいいし、10人くらい代表メンバーを選んでトーナメント戦にしてもよい。

5 子どもが思いきり遊びたがっている時は

対象／全学年　　場所／教室などどこでも

リフレッシュ指体操

子どもが授業にあきてきたり、集中力が欠けてくる時はあるものです。そんな時は一息入れて気分をかえましょう。頭も気持ちもリフレッシュできるのがこの遊び。手先が器用なのは、手づくり工作にも役立ちます。

授業の気分転換にやると効果的

遊び方

指体操 その1

1. 両手の5本の指先をあわせます（手のひらの部分は空間をつくって）。
2. 最初は親指だけはなして、親指どうしを回転させます。指と指がふれあってはいけません。逆まわしもやってみます。
3. あとの4組の指ははなさずに、次は人さし指、中指とやります。いちばんむずかしいのはくすり指です。さあできるかな？

指体操 その2

1. 左手親指と右手人さし指をあわせます。
2. 右手親指を左手人さし指にあわせます。
3. 左手親指と右手人さし指をはなし、左手親指は手前から、右手人さし指はむこうからねじって
4. 右図④のようにあわせます。
5. ①の状態にもどしてくりかえします。リズムにあわせて、くるっくるっとやりましょう。
6. 逆回転はできますか？

ポイント

●指を動かすことで脳が刺激されるので、いい気分転換になります。眠気もとれますよ。

指体操 その1

① くっつける。

空間をつくる。

薬指が一番難しいよ。

② くるくる回す。

逆回転もやってみよう！

☆ 全部の指でやってみる。

指体操 その2

① このような形から…

② くっつける。

逆回転はできるかな？

③ はなす。

④ くっつける。

☆ リズムにあわせて、"くるっくるっ"と。

6 授業の気分転換にやると効果的

対象／全学年　　場所／教室などどこでも

ポンパもしカメ

右手と左手をちがうところへ運びます。つまもうと思っても、手が交差しているのでうまく鼻と耳の位置がつかめません。考え考えやってもまちがえてしまいます。リズムがかんじんです。手でおぼえてしまいましょう。

詞／石原和三郎

6 授業の気分転換にやると効果的

遊び方

ポンパ

1. 「ポン」と手をたたきます。
2. 「パッ」で、左手で鼻をつまみ、右手で左の耳をつまみます。
3. 次の「ポン」で、もう1度手をたたきます。
4. 「パッ」で、右手で鼻、左手で右の耳をつまみます。

もしカメ

1. この「ポン、パ」で、「うさぎとかめ」の曲にあわせてやってみましょう。
2. 「もしもしかめよかめさんよ」で拍手、左耳、拍手、右耳、とすすみ、
3. 「せかいのうちで」では拍手と両耳をつまみ、
4. 「おまえほどー」では拍手と相手を指さします。
5. 「あゆみののろいものはない」で拍手と、両手で鼻と耳を持ち、鼻と耳を左右に移してつまみます。
6. 「どうしてそんなにのろいのか♪」で「ポン、パ」のかっこうをします。

ポイント

- 指導者はわざと両ほほなどをつまんでみせて、「こんなになっている人いない？」「おはなは、みんな顔の真ん中にあるんだけど」とふざけます。
- 指導者はうまくできるように練習しておきましょう。

6 授業の気分転換にやると効果的

ポン、パ！

① ポンッ
② パッ
③ ポンッ
④ パッ

うさぎとかめ に合わせてやってみよう！

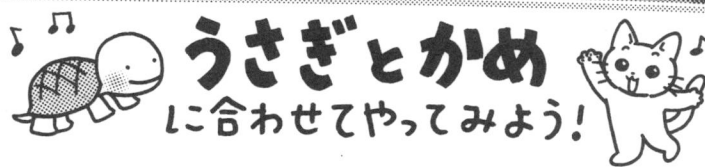

♪もしもしかめよ
　かめさんよ

もしめか／もさしん／かめよ／よ

♪せかいのうちで

せか／いの／うち／で

♪おまえほど

おま／えほ／ど／♪

♪あゆみののろい
　ものはない

あゆもの／みのはな／のろい／い♪

♪どうしてそんなに
　のろいのか

どうろの／していの／そんか／なに♪

対象／全学年　　場所／教室などどこでも

新幹線・ハンカチ拍手

リーダーの動作をよく見ていてください。このゲームも、集中力を発揮しないとミスをしますよ。リーダーの指示にあわせて手を打ちます。手をたたいちゃいけない時につられないようにしましょう。

用意するもの●ハンカチ

授業の気分転換にやると効果的

遊び方

新幹線拍手

1. 両手を肩の高さにあげ、次のように声をかけてはじめます。
2. 「さあ、私の右手はひかり号。東京から発車しました」
   「左手はのぞみ号。大阪から発車しました」
3. 「さて、私の右手と左手、ひかり号とのぞみ号がすれちがいます。そのしゅんかんだけパチッと拍手をしてください」
   「さあーいきますよ。ゴーッ、サッ！」
4. 何回かやったあとでいよいよ本番とします。時どき、手をすれちがわせるとみせて寸前でとめたりして、拍手をさそいます。

ハンカチ拍手

1. 「新幹線拍手」の応用です。ハンカチを持ち、次のように声かけをしてはじめます。
2. 「私の手からこのハンカチがはなれている時だけ拍手をしてください」
3. 「それっ」
   時どき、取るとみせかけて取らなかったり、投げるとみせて投げなかったりして拍手をさそいます。

ポイント

●フェイントに引っかからないように、先生に集中して動きをよく見ましょう。

新幹線拍手

6 授業の気分転換にやると効果的

「ひかり号とのぞみ号が、すれちがった瞬間、手をたたいてね。」

ひかり号 → のぞみ号

はーい

☆何回かやったら、すれちがわせると見せかけて、寸前で止めたりして、拍手をさそう。

ハンカチ拍手

「私の手から、このハンカチが離れている時だけ、拍手してね。」

はーーーい！

それっ ふわっ

パチパチパチ

☆取ると見せかけて取らなかったり、投げると見せかけて投げなかったりする。

対象／全学年　　場所／教室などどこでも

二拍子三拍子ソング

右手と左手を別々に動かす歌遊びです。はじめはなかなかむずかしいでしょうが、なれてくればリズム感でおぼえられます。ついつられてしまわぬようリーダーは練習が必要です。ちょっとした出し物にも使えますね。

詞／野村秋足

6 授業の気分転換にやると効果的

遊び方

1 はじめは右手を上下にふり、「いち、に、いち、に……」
と二拍子をとって
「ちょうちょう、ちょうちょう……」（1、2、1、2）
とうたってみます。

2 次に左手で「いち、に、さん……」
と三角をつくって、三拍子で、
「なのはにとまれ」（1、2、3、1、2、3、1）
とうたいます。

3 できるようになったら、いよいよこんどは両手同時にやってみましょう。
「ちょ」は両手をあげておろすところからスタートです。

ポイント

●指導者がちゃんと練習してできるようにしておくことがかんじんですね。
●一見むずかしそうでも、リズムにのってしまえば、コツをおぼえることができます。
●「ちょうちょう」ができたら、アニメのテーマソングやテンポのはやい曲にも挑戦しましょう。
●輪唱でやってみたり、クラスを2つにわけてむかいあわせでやってみるのもおもしろい。

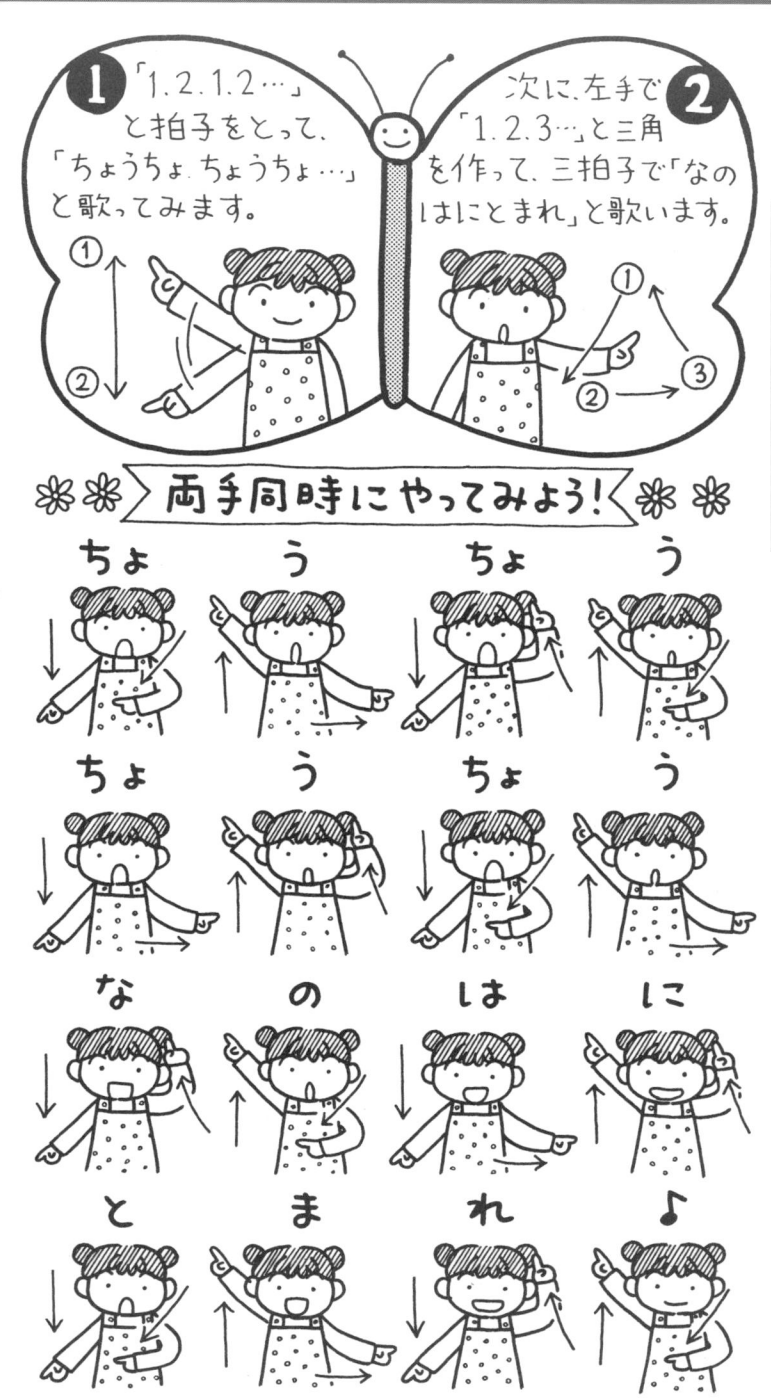

1 「1.2.1.2…」と拍子をとって、「ちょうちょ.ちょうちょ…」と歌ってみます。

2 次に、左手で「1.2.3…」と三角を作って、三拍子で「なのはにとまれ」と歌います。

6 授業の気分転換にやると効果的

❀❀ 両手同時にやってみよう！ ❀❀

ちょ	う	ちょ	う
ちょ	う	ちょ	う
な	の	は	に
と	ま	れ	♪

| 対象／全学年 | 場所／教室 |

しなものあつめ

いじめのないなかよし学級をつくりたいのは担任の願いです。クラスのみんなが発言したり知識をよせあってできる遊びを、折りにふれて取りあげたいですね。班の全員が品物を言えるように教師がうながしましょう。

用意するもの●紙　えんぴつ

7 学級全員の個性と力を発揮させたい時は

遊び方

1. 各班に1枚ずつ紙をわたし、班ごとに書記（書く人）を1人決めます。
2. 先生が、書く内容を指示します。
   例……くだものの名前、魚の名前、鳥の名前、この学校の先生の名前など。
   5年生なら……都道府県の名、外国の国名
   6年生なら……歴史上の人物の名、市内の小学校名
   などもいいですね。
3. 「よーい、どん」でスタート。班の全員が協力しあって、できるだけ多くの名前をあげるようにします。
4. 制限時間は3分くらいでストップ。各班が1つずつ発表します。
5. 自分の班が発表したものは消していきます。他の班が発表したもので自分の班にも同じものが書いてあったら、それも消していきます。
6. 次つぎに発表して、残りが多かった班が勝ちです。あつめる内容をかえて何回戦かやってみましょう。

ポイント

●他の班が考えつかないような特殊なものを書くと勝ち残りやすい。たとえば魚ならアンコウ、ジンベイザメ、シーラカンスなど。
●子どもは自分のすきな分野のことを驚くほど知っているものです。意外な子が魚にくわしいことがわかったりして、1人1人の新しい一面を発見するでしょう。

7 学級全員の個性と力を発揮させたい時は

① 各班に、紙を1枚ずつ渡す。
ヨロシク〜
じゃあ、ぼくが書く係をするよ。
☆書記を決める。

② 先生が、書くものを指示する。
では、
魚の名前！

③ ☆制限時間は3分くらい。
サバ！
ちょっとまって…
えーと
マグロ、ヒラメ、ウニ、イクラ、うーん
ホタテは？
サンマ
たくさん書いてね〜。

④ 1つずつ発表する。
マグロ。
ずずずー
ある
ある

⑤ 発表したもの、されたものは消していく。
どじょう
ピラニア

⑥ 残りが多い班の勝ち！
わーい♪
ヤッタ！
ちぇっ
次、がんばろ！
おめでと〜。
パチパチ

| 対象／全学年 | 場所／教室 |

自分の学校名さがし

これも班のメンバーみんなが力をあわせて取り組みます。「○○の字あったよ」「○○をだれかさがして」など、班員のチームワークを発揮しましょう。読書ずきの子や漢字のとくいな子ははりきってやります。

用意するもの●新聞紙　色えんぴつか
カラーサインペン

7　学級全員の個性と力を発揮させたい時は

遊び方

1. 各班に新聞紙を1枚ずつわたします（全面広告のある面や、株式市況の面は好ましくない）。
2. 全員が色えんぴつかカラーサインペンを持ちます。
3. 先生がルールを説明します。「みなさんの班にわたした新聞の中から、私たちの学校の名前の字をさがしてください。漢字、ひらがな、カタカナ……なんでもいいですよ。見つけた字には○印をしてね」
4. スタートの合図で、班ごとに字をさがします。
5. 5分くらいでストップ（学年に応じて制限時間は調整してよい）。時間内に全部見つけられたら「見つかりました」と言ってもらいます。
6. 早く見つけ終わった班から前に出て発表してもらいます。あっていたら合格。いちばん早く見つけて合格した班が優勝です。
7. 続けて、班の人全員の名前をさがしてもいいでしょう。

ポイント

●新聞のはしっこまでよく見ること。
●裏面からさがしてもよい。
●ちがう漢字でも、読みが同じならよしとします。
【例】小（しょう）のかわりに正（しょう）をえらんでもよい。
●学校名の他にも、さがす文字を決めてやるとおもしろい。

新聞の中から、私たちの学校の名前の字を探してね。
各班に、新聞紙を1枚ずつ渡す。
全員が、色えんぴつかカラーサインペンを持つ。
漢字、ひらがな、カタカナ、なんでもいいですよ。見つけた字には○印をしてね！
全部見つかりました〜！
田は打（だ）でもいいの？
いいんだよー。
あ！あった〜。
イチロー
おめでとう！首位打者
「ハ」「お」「ウ」「じ」
「市」「立」「寺」「打」「小」
「学」「コ」「う」ね！

| 対象／全学年 | 場所／教室・体育館 |

フワフワUFOの ゴルフゲーム

おり紙を使った手づくりゲームです。工作も楽しんで、グループ全員で力をあわせてとばしてみましょう。工作がすきな子は、他の子のUFOを調節してあげたり、とばし方のコツを教えたりして協力しあえるといいですね。

用意するもの●おり紙　画用紙　ペン　のり

7 学級全員の個性と力を発揮させたい時は

準備

1 おり紙を2つにおって、またもどします。

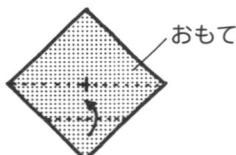

おもて

2 そこをめやすにおり、もう1度おります。さらにもう1回おってください。

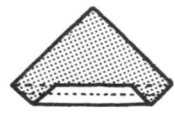

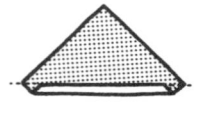

3 まん中からもう1回おります。これをぐるっとまるくまげ、すき間にさしこみます。

うら

4 重なったところに5mmほど切りこみを入れ（やぶき）、内側におりまげてできあがり。

セロテープではっても可

遊び方

このように、つまんで持つ。

ちょっと押すように、前に投げてとばす。

フワフワ

画用紙のまん中に丸印を書き、紙で作った旗もノリづけして立てる。

☆うまく丸の中に着地したら、ホールイン・ワン！

それっ！
おっ
うまい！

何人かでやって、ニアピン賞などを決めて遊ぼう！

7 学級全員の個性と力を発揮させたい時は

・まっすぐ前にとぶとはかぎらないよ。

ふらふら

・丸みを調節して、うまくとぶようにしよう。

対象／全学年　　場所／教室

班対抗はやおしクイズ

班対抗クイズ大会です。1対1対決や、班全員で考えるチーム対決でもよいでしょう。得点表もつけ、全員が参加して競います。先生は楽しい問題をいろいろ考えてください。子どもに出題してもらっても盛りあがります。

用意するもの●厚紙（赤など）クイズの問題

遊び方

1 机の上に、直径10cmくらいの厚紙のまるいカード（赤い紙など）を置きます。

2 各班から1人ずつ代表を出し、机をかこんですわります。赤いカードは、はやおしクイズの解答ボタンのかわりです。

3 問題を聞いて答えがわかったら、カルタとりのようにすばやくカードにタッチします。その人に解答権があります。

4 解答権を得たら、5秒以内に答えないといけません。班の人が次つぎと出て、全員参加でやりましょう。

【問題例】低学年向き

●このクラスの担任の先生は山田先生です。では、1年2組の先生の名は？
●10－6＝4ですね。では、13－6＝？
●「トマト」は反対からよんでもトマトです。「りんご」は反対からよむと？

中学年向き

●わたしたちの学校のクラスの数は？
●わたしたちの勉強は、国語、算数、図工、社会、道徳、体育、あと何と何？

高学年向き

●都道府県の数は、1都、1道、2府と何県？
●その「2府」ってどこのこと？

7 学級全員の個性と力を発揮させたい時は

① 机の上に、厚紙の丸いカードを置く。

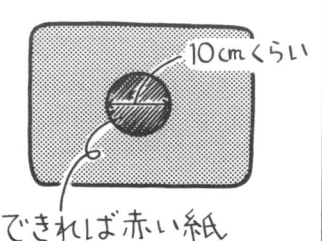

10cmくらい
できれば赤い紙

② 各班から1人ずつ代表を出し、机を囲んで座る。

早押しのボタンのかわりだね！

7 学級全員の個性と力を発揮させたい時は

③ カルタ取りのように、早くカードにタッチした人に解答権がある。

ハイ！ ハイ！ ハイ！

〈得点表〉
	1	2	3	4
1班	3	0	-1	
2班	0	3	0	
3班	0	0	3	

得点表をつけよう！

タッチして五秒以内に答えないとダメだよ！

☆班の人が次々出る

❀楽しい問題を、いろいろ考えよう！

〈低学年むき〉
・この学校の校長先生の名前は？
・この学校の、小屋のニワトリは何羽でしょう？

〈中学年むき〉
・私たちの学年の子どもの数は何人？
・5月5日は何の日？

〈高学年むき〉
・今の総理大臣の名前は？
・1000円札100枚では、何円ですか？

対象／全学年　場所／教室

見えない糸

授業の導入時、ざわついていて落ちつかない時などに、教師に子どもの注意をむけさせたい。そんな場面で効果があるのがマジック。子どもは不思議な現象にびっくり！　楽しい手品をおぼえておいて損はありませんよ。

用意するもの●おり紙または広告紙

8　子どもを教師に集中させたい時の必殺技

基本の方法

1. 図のように、おり紙や広告紙（すべりやすいもの）を10cm×3cmに切り、1.5cmほど切りこみを入れます。
2. かるく親指と人さし指で持ち、親指を上下にスライドさせます。動作はこれだけです。

次のような口上で演じ、見ている人をひきつけましょう。　**演じ方**

1. 「ここに紙があります。この紙に針と糸をプスッとさしてくるくるまいて……」と言って先端に糸をまきつけるジェスチャーをします。「よいしょ！」と言いながらひっぱるジェスチャー。この時、左手の親指をスライドさせており紙をたおします。
2. 「パッ」右手をひろげて糸をはなす動作をすると同時に、左手の親指をスライドさせて上にあげると紙が元のように立ちます。

はさみでチョキン

1. 「糸のついた針を机の上にさします。またひっぱって「プスッ」と机の上に針をさすジェスチャー。
2. 「そして、はさみでチョキン」空中の糸を切るジェスチャーをして、左手の紙をもどします。子どもにチョキのはさみで切ってもらうのも楽しい。タイミングよくもどしましょう。

ポイント

●動作は単純。あたかも見えない糸にひっぱられているかのように見せる演技力が重要です。

《基本の方法》 折り紙や広告紙など、すべりやすい紙を使う。

- 3cm × 10cm
- 1.5cm位やぶく
- 親指を上下にスライドさせる。
- 軽く、人さし指と親指で持つ。

8 子どもを教師に集中させたい時の必殺技

見えない糸

① ここに、紙があります。

② 上の方に、糸のついた針をさして、糸をくるくる巻きつけて… プスッ

③ と、ひっぱると… くいくい よいしょ！

④ ホラ！ パッ！ ピン！

ハサミでチョキン

① 糸のついた針を、机の上にさします。 プスッ

② そして…ハサミでチョキン！ パッ

❀ 子どもに切ってもらうのも楽しい。
「ここ切ってね。」

☆ 子どもに合わせ、タイミングよくもどす。
「よいっ！」「できる？」

| 対象／全学年 | 場所／教室 |

輪ゴムのワープ

基本の方法どおりにやれば輪ゴムが勝手に移動してくれる簡単手品です。単純ですが、だからこそ人も驚くというもの。だれでもできますので、子どもに教えてあげれば、帰宅後とくい気に家族に披露するでしょう。

用意するもの●カラーの太めの輪ゴム
（女の子の髪止め用がよい。
布のカバーがついているもの）

基本の方法

❶ 左手の人さし指と中指に輪ゴムをかけます。
❷ 右手で輪ゴムを手前に引きます。
❸ ☆印の輪の中に指を4本ともおりまげて入れます（つめが出るところまで）。
❹ ゴムをかけたまま左手をひらくと、輪ゴムがくすり指と小指に移動します。

演じ方

❶ 子どもたちには手の甲の側を見せてやります。
❷ 気づかれないように輪ゴムをすばやくかけて、基本の方法❸の状態を相手に見せ、パッ。この時、移動する方向に右手を動かすと「マジックらしさ」がでます。
❸ くすり指、小指にかかった輪ゴムも基本の方法❷〜❸と同様にすると、元にもどすことができます。

指をロックしてもワープ

長めの輪ゴムで4本指を図のように「ロック」しても、基本の方法どおりにやるとくすり指、小指に移動します。

輪ゴムの色も入れかわる

色ちがいの輪ゴムを2本使います。2本とも内側にひき、重なった空間（×印）に4本の指をさしこんでひらけば、カラーが入れかわります。

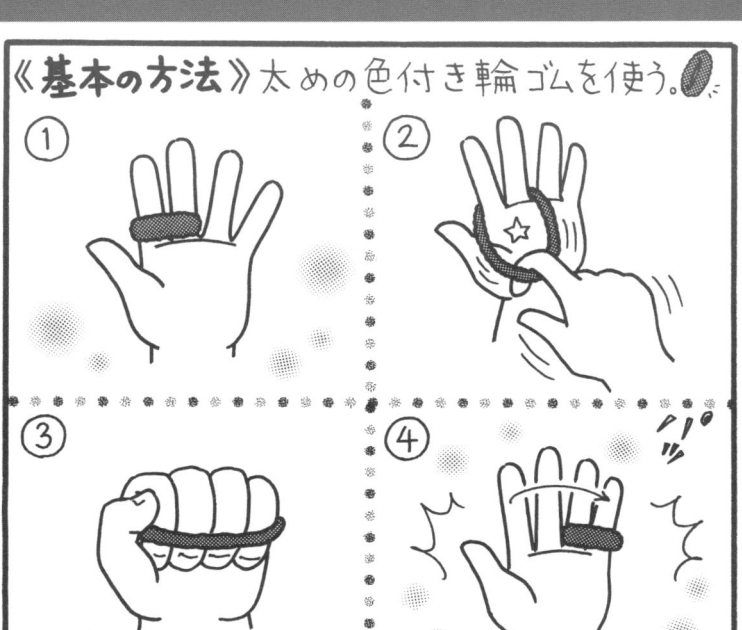

《基本の方法》太めの色付き輪ゴムを使う。

① ② ③ ④

8 子どもを教師に集中させたい時の必殺技

《演じ方》相手には、手の甲を見せてやる。

③の状態を相手に見せ、みてねー → ぱ！ ワープしました！

反対側に戻すのも、同じやり方で。 元に戻すよ。 → それ？

応用編だよ。 このように、ロックしても同じやり方でできるよ。 色ちがいの輪ゴムを、2本使ってやると、色が入れかわるよ！

対象／全学年　　場所／教室

エレベーターマジック

一瞬で変化する手品も子どもの目をひきますが、これはゆっくり演じても効果的。知らず知らず教師のペースにもっていけるでしょう。「授業が終わったらみんなでつくってみよう」と言えば、子どもははりきって勉強しますよ。

用意するもの●色ちがいのひも（毛糸でも可）
…50cmくらい3本

8　子どもを教師に集中させたい時の必殺技

基本の方法

1. 色ちがいのひも3本（a、b、c）のうちaとbは輪に結び、bの輪をaにぶらさげます。
2. aの両端を重ねて左手人さし指にかけます。
3. 親指と人さし指とで輪をつくり、aの結び目をつまんで下に引きます。
4. 下までひきおろすと、aとbが入れかわります。
5. 次に、cのひもを左手の人さし指のかわりにbに通して結びます。
6. cのひもを左手に持ち、右手でbのひもの結び目をつまんで下に引くと、bとaがチェンジします。
7. aの結び目を下にひくと、またbがまん中にもどります。cをまん中にしたい場合は上下を持ちかえてください。

演じ方

1. 「ひもの色をよく見てごらん。ここをつまんで下にひくと……、ほら、色が入れかわったね」
2. 次つぎとひもをひいていき、エレベーターのように色が入れかわる様子を見せます。

ポイント

●ひも（毛糸）を用意すれば小学1年生にもつくることができ、演ずることもできます。
●ひもはカラーの細めの綿ひもが望ましいが（100円ショップなどにもある）、学級で多くの子と楽しむには太めのアクリル毛糸でもよい。

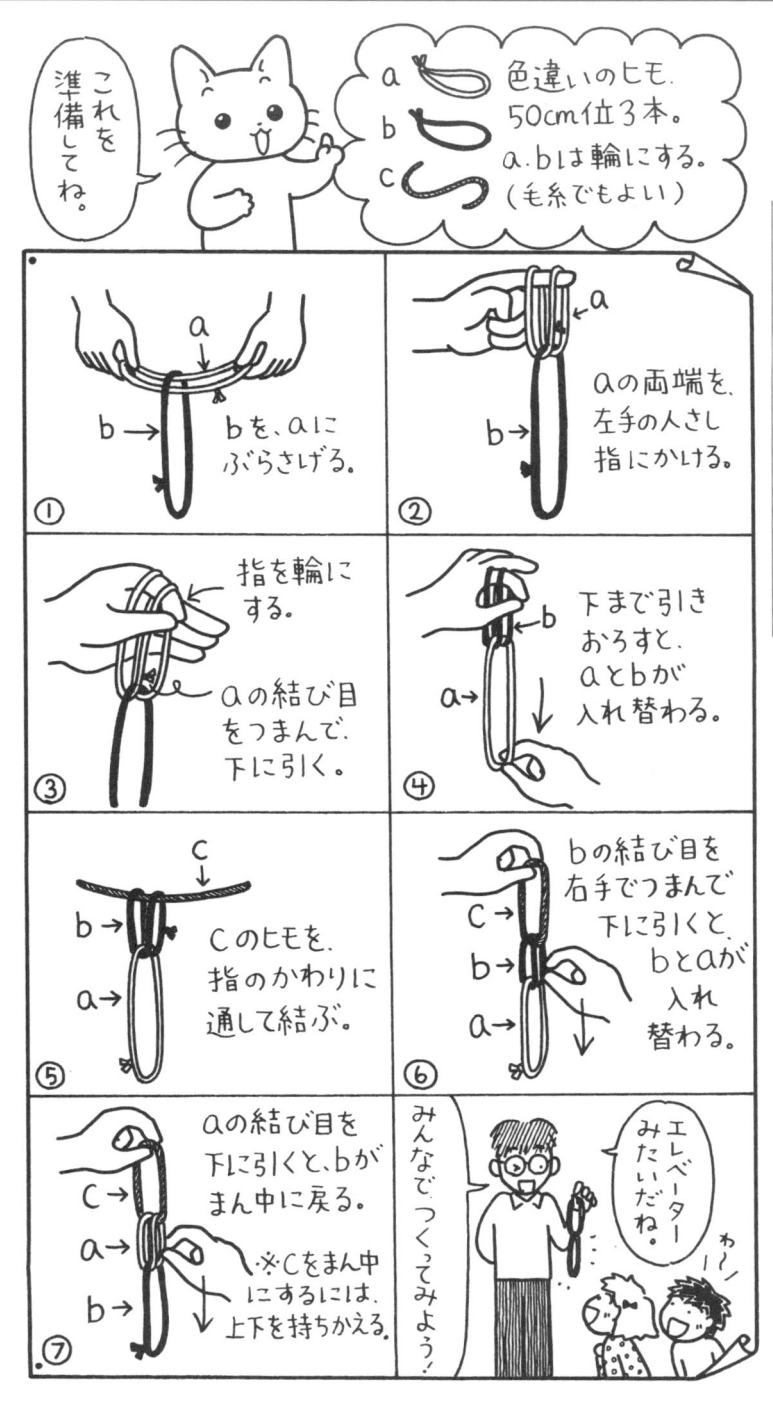

8 子どもを教師に集中させたい時の必殺技

これを準備してね。

色違いのヒモ、50cm位3本。
a、bは輪にする。
（毛糸でもよい）

a
b
c

① bを、aにぶらさげる。

② aの両端を、左手の人さし指にかける。

③ 指を輪にする。aの結び目をつまんで、下に引く。

④ 下まで引きおろすと、aとbが入れ替わる。

⑤ cのヒモを、指のかわりに通して結ぶ。

⑥ bの結び目を右手でつまんで下に引くと、bとaが入れ替わる。

⑦ aの結び目を下に引くと、bがまん中に戻る。
※cをまん中にするには、上下を持ちかえる。

みんなでつくってみよう！

エレベーターみたいだね。

対象／全学年　　　場所／教室

あやとりの輪抜け

これはちょっと練習が必要ですが、なれると手や指の感じでパッとタネの通りできるようになります。このような「名人技」もいくつかレパートリーにしておくといいですよ。「先生すごい」と子どもが目を輝かせます。

用意するもの●ひも（1mくらい）
　　　　　　　リング（セロハンテープの芯など）

基本の方法

1. ひもにリングを通し、あやとりの基本形にとります。
2. 右手の中指で左手のひもをすくいます。
3. 左手の中指で、右手の中指の前のひも（★印）をすくいます。
4. 左手の親指と右手の中指のひもだけ残し、ほかの指のひもを全部はずすと、リングはぽろりと落ちます。
練習して、一瞬のうちにはずせるようになればよいでしょう。

演じ方

1. あやとりひもにリング状のものを通します（相手に指で輪をつくってもらってもよい）。
「このようにリングにひもが通っています。ふってもおちません」
2. 基本の動作で左右の中指で糸をすくい、パッとひろげると輪はするりととけます。「こうしてどんどんひもをすくっていくと……、はい！　指からひもがはなれていないのにリングがはずれました！」
3. 左右同じ指をのこすと輪にからまってぬけないから不思議。

ポイント

●よどみなく演じて一瞬のうちにパッとはずせると決まります。よく練習してください。
●セロハンテープの芯がなくても、ハサミやせんぬきなど身近なリング状のものでできます。

① ひもにリングを通し、あやとりの基本形にとる。

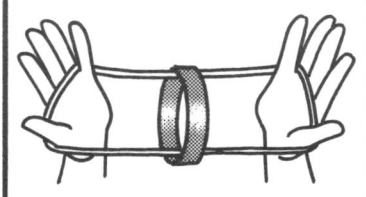

② 右手の中指で、左手のひもをすくう。

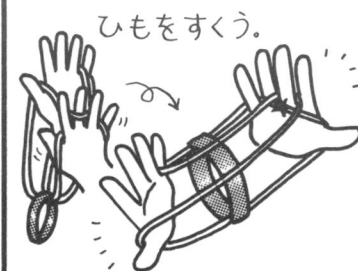

③ 左手の中指で、右手の中指のひも(★印)をすくう。

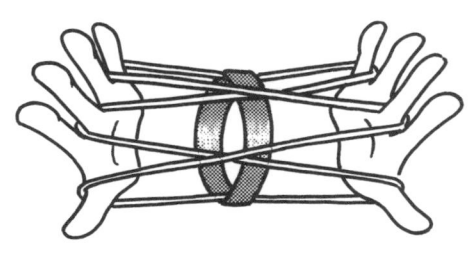

④ 左手の親指と、右手の中指のひもだけ残して、他の指のひもを全部はずすと…リングはポロリ!!

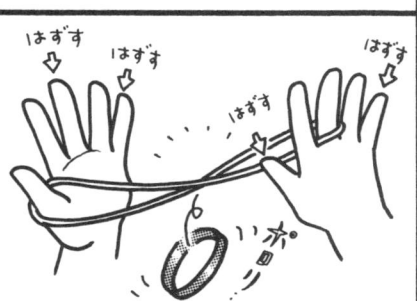

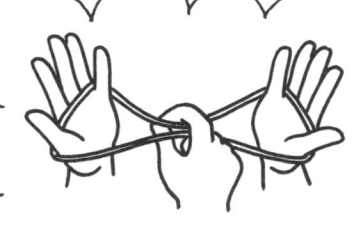

はずす　はずす　はずす　はずす

8 子どもを教師に集中させたい時の必殺技

- リングをメタトにも、相手に指で輪をつくってもらってもいいよ。
- 左右同じ指にひもを残すと、輪がぬけないよ。

すばやくできるように練習しよう!

| 対象／全学年 | 場所／教室・体育館 |

親子で長さあて競争

授業参観は教室での子どもの姿がわかる貴重な機会です。授業の様子を見ていただくことも大切ですが、保護者と子どもが一緒になってつくる時間も大いに取り入れたいですね。親子ゲーム大会などでやってもおもしろい。

用意するもの●紙テープ（各組に1個）

9 授業参観日、保護者も一緒に！

遊び方

1 親子で一組になってもらい、各組に紙テープを1個ずつくばります。組ごとにテープの色をかえるとよい。

2 教師がやり方を説明します。「まず、私がこれから言うものの長さを目ではかって、その長さと同じだと思う分だけテープを切りとってください。〈第1問〉は、私のせの高さと同じだけです。私に近づいてはいけません」

3 制限時間（2～3分でよい）まで親子で相談しながらテープの長さを決めて切ります。「みなさんできましたね。では私のそばに持ってきてくらべてみてください」（テープをメジャーではかってもよい）

4 「はい、どの班がいちばん近かったでしょうか」
多い順に30点、20点、10点……と点をつけます。

5 「では〈第2問〉。この体育館の横はばはどのくらいでしょうか？ 立ってしらべてはいけません」
いちばん多く得点した組が優勝です。

ポイント

●ほかに長さをはかるものの例として、体育館にあるものでは「とび箱のいちばん下の台1周まわり」「平均台の長さは？」などいろいろさがせます。
●保護者が欠席した場合は、教師が一緒に組んだり、数人で組をつくるなどして対応してください。

9 授業参観日、保護者も一緒に！

各班に、紙テープを1個ずつさしあげます。

これから言う長さを、目ではかって切りとってください。

<第1問> 先生の背の高さは？

先生には近付かないでね。

これ位かな？
そうねえ…
そうだねー．
これだ！
ちがうちがう
えっ？そんなに？
短すぎるよ
もっと長いよー．

<第2問> この体育館の横はばは？

立って調べちゃダメだよ．

長すぎてわかんないよー
まだ足りないわよ．
もっともっと！
おーいくねー
これ全部だ！
大丈夫よ～．
またまたー．
そんなに長くないだろ～．
足りるかな…

| 対象／全学年 | 場所／教室・体育館 |

重いのはどの箱だ？

9 授業参観日、保護者も一緒に！

おもしろいパフォーマンスをすると笑いがまきおこります。教師やお母さんが意外な演技者で、みんながすっかりだまされるとおもしろいですね。少々大げさに演技してもらうよう、保護者の協力も必要です。

用意するもの●ダンボール　中に入れる品物

遊び方

1. 保護者にも加わってもらい、各班に対して1個ずつのダンボール箱を用意します（ここでは5つの班とします）。
2. みんなにはナイショで、あらかじめ中に右ページのような品物を入れて、テープでとめておきます。
3. 各班代表の人に、出てきてA～Eの箱の前に各々立ってもらいます。「ではどうぞ!!」の合図で箱を持ちあげてもらいます。
4. あらかじめ、その人たちは重くても軽くても持ちあげる時「演技」をしてもよいと伝えておきます。箱をゆすったり投げたりしないという条件を出すのも忘れずに。
5. 各班、紙にだれの箱が（A～E箱）重いか書いて司会（審査員係）にわたし、各々、中をあけてしらべてもらいます。
6. 「当たったチームは30点」などと決めて点をつけます。
7. 何度か続けて行ない、総合得点がいちばん多い班が優勝です。

ポイント

- 箱を持ちあげる時の演技がこのゲームのミソ。たくみなパフォーマンスと、それを見破るかけひきが、雰囲気をいっそう盛りたてます。
- 保護者チーム対子どもチームでやってもよい。

● 各班に対して、1個ずつのダンボール箱を用意する。

● ないしょで、中に次のような物を入れ、テープでとめておく。

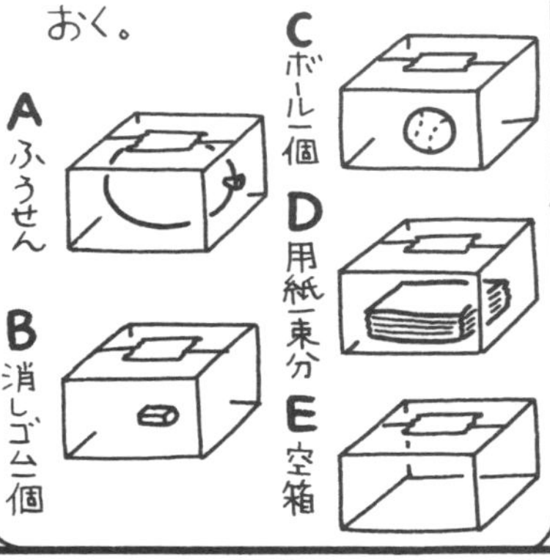

● 各班、紙にどの箱が1番重いかを予想して書き、司会者に渡す。

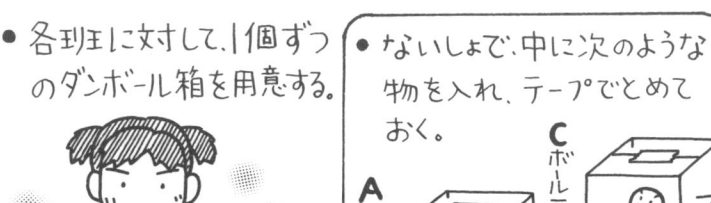

| 対象／全学年 | 場所／体育館・校庭など |

カンつみ大会

チームまたは親子で協力してカンを高くつみあげていきます。体育館や校庭などでにぎやかに楽しみたい時におすすめ。あわててやるとくずれてガシャ～ン！ でもそんな失敗も雰囲気をいっそう盛りあげてくれますよ。

用意するもの●空きカン 椅子 机 棒

9 授業参観日、保護者も一緒に！

遊び方

1. 前もって、みんなで清涼飲料水などの空きカンをたくさん集めておきましょう。大小いろいろでもいいし、同じ大きさのものでもよい。
2. 2人1組でチームをつくり、カンをわたす係、つむ係を決めます。カンの数や場所の広さに応じて、1チームの人数はふやしてもよい。
3. スタートの合図で、チームごとに1つ1つ慎重につみあげていきます。
4. 途中でくずれたら、また最初からつみなおしです。
5. 制限時間（何分でもよい）がきたら終了。いちばん高くつみあげたチームの勝ちです。

ポイント

●親子ゲームでやる時は、勝ち負けよりも親子の協力や連携プレーを大事にして進めてください。
●あせらずゆっくり。それが高くつむための早道です。
●大きいものを下にしてつみあげても、同じものを順につみあげてもよい。
●高くつむために使う椅子、机なども用意します。
●高さをはかる棒も用意するといいでしょう。

☆ みんなで空カンを集めよう。
大きさは同じものでも、違うものでも楽しめるよ。

☆ チームごとにどんどんつみ上げ、高さを競う。

☆ 高くつむために、机・イスなどを用意

まだ平気！

かわろうか？

☆ 高さをはかる棒も用意する。

いいかんじですね〜！

9 授業参観日、保護者も一緒に！

☆ 大きいものを下にしてつみあげても、同じものを順につみあげてもよい。

ひえ〜

あらら〜

だ、大丈夫ですか？

| 対象／全学年 | 場所／教室 |

チクタクボンボン

「チク」「タク」「チク」「タク」「ボン！」さあ、うまく12時まで時が打てるでしょうか。ついまちがってしまうので、なかなか12時になりません。自分の番はいくつめの「ボン」かな？ 親子でならんでやってみましょう。

用意するもの●椅子（人数分）

9 授業参観日、保護者も一緒に！

遊び方

1. 椅子を円に配置してすわります。鬼はつくらないので、鬼の分や先生の分も入れてすわります。
2. 1番めの子が「チク」、2番めの子が「タク」、3番め「チク」、4番め「タク」、5番めが「ボン」と言って時計まわりに進みます。
3. 以下、6番めから順に「チク」「タク」「チク」「タク」「ボン」「ボン」と11人めまで言います。
4. 続いて「チク」「タク」「チク」「タク」「ボン」「ボン」「ボン」と、次つぎと「ボン」を1つずつふやして言います。
5. 途中で「ボン」の数をまちがえると、もう1度最初の人からやりなおしです。
6. 「ボン」「ボン」「ボン」「ボン」「ボン」「ボン」「ボン」「ボン」「ボン」「ボン」「ボン」「ボン」と12時までうまく到達したら「バンザーイ！」です。

ポイント

●「ボン」をまちがえずに12回言うのは大人でも意外と大変です。低学年なら4時まで、中学年なら8時までと、やさしくしてもいいでしょう。
●指をおったりして数えながらやってもよい。
●自分の前の人が何回めの「ボン」を言うかよく聞いてやらないと、まちがえてしまいます。

☆全員で丸くなって座り、

時計回りに言っていく。

☆次は、

「ボン」というように、「ボン」を1つずつ増やしていく。

☆指を折って数えながらやってもよい。

12時までうまくいったら成功!

まちがえたら、最初からやり直し☆

あ、「チク」だった〜!

9 授業参観日、保護者も一緒に!

対象／全学年　　　場所／体育館・校庭

人間ボーリング大会

サタデースクールなど異年齢集団で一緒に遊びたい時のゲームを紹介しましょう。全校・学年集会でも楽しめます。じゃんけんをして4連勝はなかなかむずかしいですが、じゃんけんなら低学年でも高学年と勝負できますね。

10 サタデースクールで何かやりたい時は

遊び方

1. 右ページの絵のように、ピンチーム（10人）とボールチーム（何人でもよい）にわかれてならびます。
2. 「よーい、どん！」の合図で、ボールチームは1人ずつ出発してAピンの人とじゃんけんします。
3. 勝ったら、次のBピンの人まで進んでじゃんけん。負けたら、スタートラインまでもどって、次の人にタッチして交代します。
4. Aピン、Bピン、Cピンそして最後の王さまピンまで「4連勝」しないと、あがりになりません。
5. あがった人は、王さまピンの後方でならんで待ち、みんなを応援しましょう。
6. ボールチーム全員が王さまピンをたおしてゴールできたら「バンザーイ！」

ポイント

- 負けた人は急いでチームにもどって次の人にタッチし、自分はチームの後ろにならびなおします。
- 親子ゲーム大会でなら、保護者や教師がピンチームに入ってやると盛りあがります。

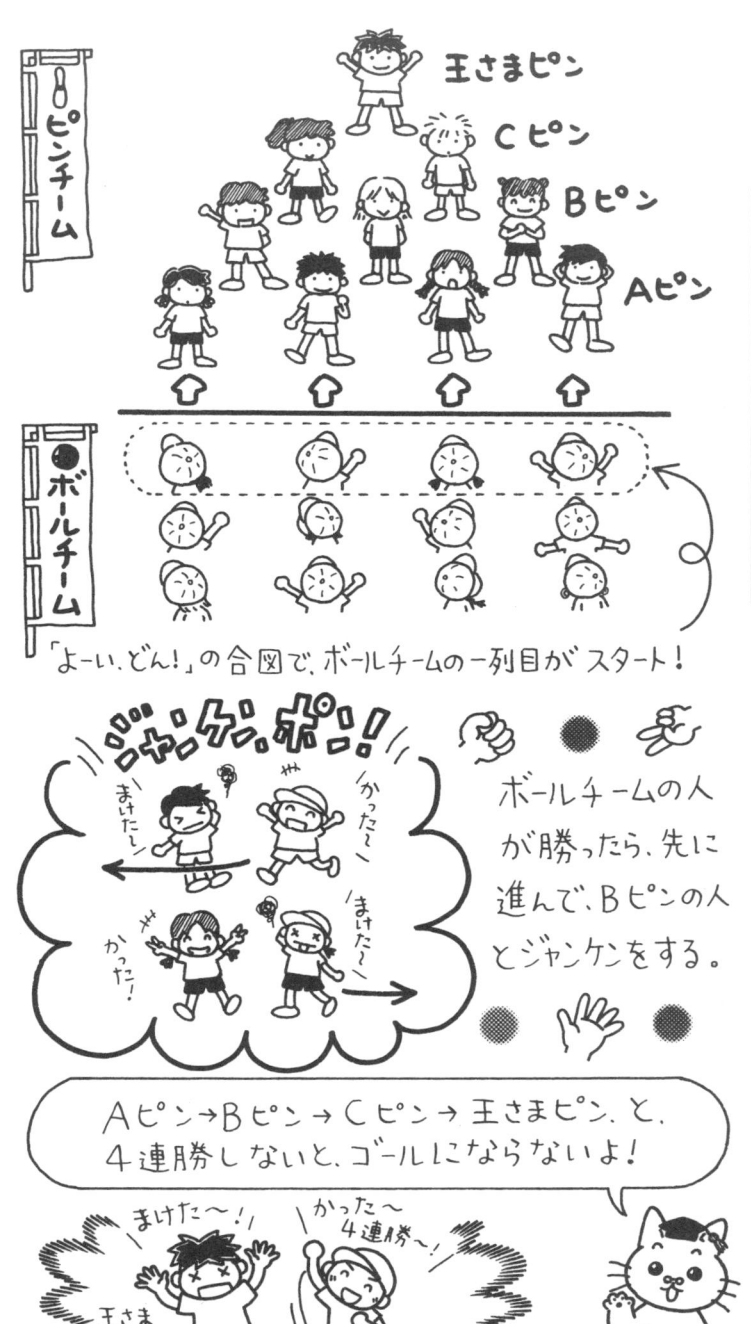

10 サタデースクールで何かやりたい時は

ピンチーム
王さまピン
Cピン
Bピン
Aピン

●ボールチーム

「よーい、どん!」の合図で、ボールチームの一列目がスタート!

ジャン・ケン・ポン!
まけた〜 / かった〜 / かった! / まけた〜

ボールチームの人が勝ったら、先に進んで、Bピンの人とジャンケンをする。

Aピン→Bピン→Cピン→王さまピン、と、4連勝しないと、ゴールにならないよ!

まけた〜! 王さま
かった〜 4連勝〜!

対象／全学年　　場所／教室・体育館など

ニョロニョロどじょう

手と手がふれあうゲームは楽しさ倍増、思わず「キャッ」と声も出ます。手をつなぐのが苦手な子も自然とできるようになるでしょう。児童集会や学芸会などでは、体育館で横に1列にならんだ状態で、となり同士でもやれます。

用意するもの●椅子（人数分）

遊び方

❶「チクタクボンボン」（p.84）のゲームのように、輪になってすわります。

❷ 右手をとなりの人の胸の前に出して基本のポーズ。
「左手の人さし指をその人の手のひらの上においてください。私が『ニョロニョロ！』と言ったら、指で相手の手のひらをコチョコチョとくすぐってね」
「ニョロニョロ、ニョロニョロ……」

❸「『どじょう！』と言ったらとなりの人の指をつかんで。自分の左手はとなりの人につかまれないようににげてください」

❹ 続けて右手と左手をかえてやりましょう（左ききの子もいるので）。

ポイント

●「ニョロニョロ……**ニョロ！**」というように、わざと強く言ってフェイントをかけます。「**ニョロッ！**」と強く言うと、あわてて相手の指をつかんでしまったり、自分の指をつかまれまいとにげてしまいます。そこで、「まだまだ！"どじょう"でにげてください」というと笑いがどっときます。

●「ニョロニョロ」の回数はかえるといいでしょう。

● 手のひらにアメをのせて「おやつ、おやつ、……**アメ！**」というようにアメをパッと取るゲームもおもしろい（「ケーキ」など他のお菓子を言ったら取れない）。アメをのせている手はパッとにぎります。

10 サタデースクールで何かやりたい時は

輪になって座ったら…

ニョロニョロ!

☆ 指で、となりの人の手の平をくすぐる。

コチョコチョ

どじょう!

☆ 自分の左手は相手につかまれないように、右手は相手の指をつかもう!

工夫するともっと楽しい

- 言い方にフェイントをかける。

ニョロニョロニョロニョロ…ニョロ!

- 右手と左手を替えてやる(左ききの人もいるので)。
- 「おやつ、おやつ…**アメ!**」と言ったら、となりの人のアメを、パッと取る。

☆ 「おやつ、おやつ…**ケーキ!**」などと言った時は、取ってはいけないよ。

☆ アメを持っている手は、パッとにぎる。

10 サタデースクールで何かやりたい時は

対象／全学年　　場所／教室・体育館など

お金持ちじゃんけん

じゃんけんゲームも、工夫してやるとエキサイトします。ちょっとギャンブル風になりますが、たまにはこういうことも楽しくやってみるのもいいでしょう。やっぱりかけごとはおもしろい？

用意するもの●画用紙でつくったカード（1人5枚）

遊び方

1. 1人に5枚のカードをくばります。
2. 「よーい、どん」で、だれとでもじゃんけんをします。
3. 勝つと相手からカードを1枚もらえます。負けるとカードを1枚わたします。カードがなくなれば、途中でもその子は終わります。
4. 6～7分でゲーム終了。その時点でカードを何枚持っているかで勝負を決めます。いちばん多く持っている人が1位、次が2位……となります。

ポイント

●1度の勝負で1枚だけやりとりをします。

●1枚1万円にみたててやると興味も大きくなりますが、どこかギャンブル風になってしまうので熱中しすぎないように注意しましょう。

●1度に何枚もかけてやってもよいが、いっぺんで負けてしまう子も出るので、これも注意。

●グループで合計点を争うようにしてもよい。この場合、自分のグループとじゃんけんして同士うちをしないようにします。

●「びんぼうじゃんけん」ということにして、はやく負けてなくなったら勝ちとするのもおもしろい（負けようとするとかえって勝ってしまうこともあるから不思議）。

10 サタデースクールで何かやりたい時は

① 1人に5枚ずつ、カードを配る。

② 「よーい、どん!」で、クラスの中の人と、ジャンケン開始。
\じゃんけん/ じゃんけんポン! /ポン!\ じゃんけんポン!
☆ 誰とでもしてよい。

③ 勝ったら、相手からカードを1枚もらえる。
負けたー 勝ったー!

④ 2～3分でゲーム終了。カードの多い人の勝ち!
10枚! 2枚... 0でーす。
ヤッター! 一回しか負けて終わっちゃった...

注意 いろいろ。

● カードがなくなったら、ゲームの途中でも終わり。
負けてばっかりだー ○枚

● 1度の勝負で、やりとりは1枚だけ。
ハイ、ありがと。

● 1度に何枚もかけてもよいが、いっぺんに負けてしまう子も出てくるので、注意する。

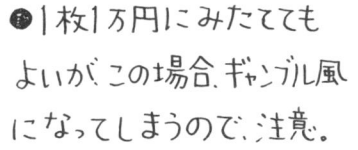

● 1枚1万円にみたててもよいが、この場合、ギャンブル風になってしまうので、注意。
= 1万円

| 対象／全学年 | 場所／校庭 |

宝さがし大会

校庭を使って宝さがし大会をしましょう。低・中・高学年が一緒のチームをつくります。全校児童集会などでやっても効果的。せっかくさがしたきれいなカードがマイナスカードだったりして、発表をきいてみんな大さわぎ。

用意するもの●手づくりのカード
（100枚〜200枚くらい）

遊び方

1 当日は係の子が少し早く登校して、校庭のあちこちにカードをかくして準備しておきます。

- **5** のカードは5点
- **10** のカードは10点
- ☆ のカードは20点
- ◎ のカードは1点
- △ のカードはマイナス5点
- ◇ のカードはマイナス10点

> この得点は最後に発表する。
> マイナスカードをきれいなもようにするのもよい。

2「このようなカードをさがしてください」と司会者が示してはじめます。
「終わりの合図で、さがしたカードをチームで集めて係にわたしてください」「よーいはじめ」

3「終わり！　カードを集めてください」
「得点発表をします」「カードの得点は……」
「各チームの得点は、係が計算してお昼の（テレビ）放送で発表しま〜す」

ポイント

●その場で計算できるわかりやすいカードにしてもよい。
●チャンピオンカードをさがしたチームが「優勝」としてもよいでしょう。

10 サタデースクールで何かやりたい時は

準備

◎ 手づくりのカードを、100枚〜200枚、用意する。

♠　△　◎　5　10　☆
-10点　-5点　1点　5点　10点　20点

☆ あらかじめ、カードの点数を決めておく。

かくしたよーん・
へっ

◎ 当日、係の子が少し早く登校して、校庭のあちこちにカードを隠しておけば、準備完了！

宝さがし

あったし♪
ここだ！
どこかな〜

◎ 最後にカードの点数を合計して、順位を決める。

☆ カードの点数は、見てすぐにわかるものでもいいし、意表をついたものでも楽しい。

えーっ!?
これ-10点だったの〜?
せっかくたくさん見つけたのに〜
ガッカリ！

10 サタデースクールで何かやりたい時は

おわりに
ぐるになって生活を喜ぶ

　大正～昭和にかけて奈良女子高等師範学校の付属小学校の女教師であった池田小菊先生は、その著書の中で
　「互いに燃えるやうな成長の中途にある大人と子どもとが、ぐるになって生活を喜ぶ、そこにだけ教育があります。」
　と述べています。
　他にも多くの教育者や先人が教育の本質を「教師自身も子どもと成長する中でこそ、本当の教育ができる」という意味のことばを述べています。
　遊びやゲームの指導も「教えこむ」のではなく子どもたちと共に楽しんでこそ、本当に楽しい場を共有することができます。
　子どもたちと楽しい空間を持つことが本当に喜びとなり、それが生き甲斐になるような教師こそ、子どもたちにとっても保護者にとっても"素敵な先生"の名にふさわしい教師となるでしょう。
　子どもと教育をめぐってきびしい状況もある中で、いつも明るく笑顔で子どもたちとすごしたいものです。
　歌声や笑いがあふれる学級を共につくりだしていきましょう。

奥田靖二

編著者紹介
●

奥田靖二
（おくだやすじ）

元東京都八王子市立寺田小学校教諭
子どもの文化研究所所員　新しい絵の会会員
著書
『遊び・ゲーム　ワンダーランド』
『みんなで遊ぼう12カ月　全校・学年集会ランド』
『まるごと小学校展覧会ＢＯＯＫ』『学級の遊び・ゲーム　ワンダーランド』
『手品＆マジック　ワンダーランド』『スーパースクール手品』
『まるごと小学校学級担任ＢＯＯＫ』1年生〜6年生（全6冊）
『小学校1年生　学習と生活の基礎・基本』
（以上 いかだ社）
『学校イベント遊び・ゲーム集』全3巻（教育画劇）

カバーイラスト●野口雅代

本文イラスト（あいうえお順）●今井亜美／野口雅代

ブックデザイン●渡辺美知子デザイン室

学級担任のための遊びの便利帳
2003年3月12日第1刷発行
2004年3月12日第2刷発行
編著者●奥田靖二©
発行人●新沼光太郎
発行所●株式会社いかだ社
〒102-0072 東京都千代田区飯田橋2-4-10 加島ビル
Tel. 03-3234-5365　Fax.03-3234-5308
振替・00130-2-572993
印刷・製本　株式会社ミツワ

乱丁・落丁の場合はお取り換えいたします。
ISBN4-87051-127-4

●いかだ社の本

小学校1年生 学習と生活の基礎・基本 伸びる・育つための土台づくり
奥田靖二編著　A5判128ページ 定価(本体1600円+税)

これだけは教えたい 算数
新学習指導要領から削除された[教科書にない]重要内容とは
和田常雄編著　A5判128ページ 定価(本体1600円+税)

これだけは教えたい 理科
新学習指導要領から削除された[教科書にない]重要内容とは
江川多喜雄編著　A5判128ページ 定価(本体1600円+税)

まるごと小学校運動会BOOK 子どもがよろこぶ楽しい種目がいっぱい!
黒井信隆編著　A5判192ページ 定価(本体1800円+税)

こまった時の クラスと行事のための手づくりグッズ
木村 研編著　B5判96ページ 定価(本体1400円+税)

人間オーケストラ 体は楽器だ! 『千と千尋の神隠し』を演奏しよう
高橋寛・田中ふみ子編著　B5判96ページ 定価(本体1500円+税)

算数わくわく楽習(がくしゅう)ランド クイズ&遊び&ゲーム70
和田常雄編著　A5判176ページ 定価(本体1800円+税)

科学で遊ぼ おもしろ実験ランド クイズQ&A70
江川多喜雄著　A5判200ページ 定価(本体1800円+税)

科学で遊ぼ 台所は実験室 ふしぎなことがよ〜くわかる14章
江川多喜雄編著　A5判144ページ 定価(本体1800円+税)

人体のふしぎ 子どものなぜ?に答える科学の本
江川多喜雄編著　A5判152ページ 定価(本体1800円+税)

校庭の科学 生きもの観察ランド 四季の草花・虫 さがしてみよう 調べてみよう
江川多喜雄・関口敏雄編著　A5判152ページ 定価(本体1800円+税)

体育遊び・ゲーム ワンダーランドPART.1／PART.2
黒井信隆編著　A5判192ページ(PART.1)／152ページ(PART.2) 定価各(本体1800円+税)

水遊び&水泳 ワンダーランド スイスイ遊べて泳げちゃうベスト81
黒井信隆編著　A5判176ページ 定価(本体1800円+税)

障害児の遊び・ゲーム ワンダーランド 校庭・室内、どこでも楽しい体育遊びベスト87
竹内 進編著　A5判196ページ 定価(本体1800円+税)

スーパースクール手品 子どもと楽しむマジック12カ月
奥田靖二編著　B5判96ページ 定価(本体1400円+税)

ハッピークリスマスマジック だれでもできマス! 楽しめマス!
藤原邦恭著　A5判96ページ 定価(本体1300円+税)

おり紙たこ&カイト ワンダーランド かんたん! よくあがる! ベスト26
土岐幹男編著　B5判96ページ 定価(本体1500円+税)

おり紙ヒコーキ ワンダーランド やさしくおれてよく飛ぶ19機
戸田拓夫著　A5判100ページ 定価(本体1300円+税)

おり紙シアター ワンダーランド 紙1枚で演じる不思議な紙しばい
藤原邦恭著　B5判96ページ 定価(本体1400円+税)

おり紙マジック ワンダーランド 紙1枚であなたもマジシャン
藤原邦恭著　B5判96ページ 定価(本体1400円+税)

おり紙メール ワンダーランド 紙1枚がびっくり手紙に大変身
藤原邦恭著　B5判96ページ 定価(本体1400円+税)

四季の遊び 全4巻 ❶春の遊び ❷夏の遊び ❸秋の遊び ❹冬の遊び
ごくらくとんぼクラブ編　A5判各96ページ 定価各(本体1350円+税)